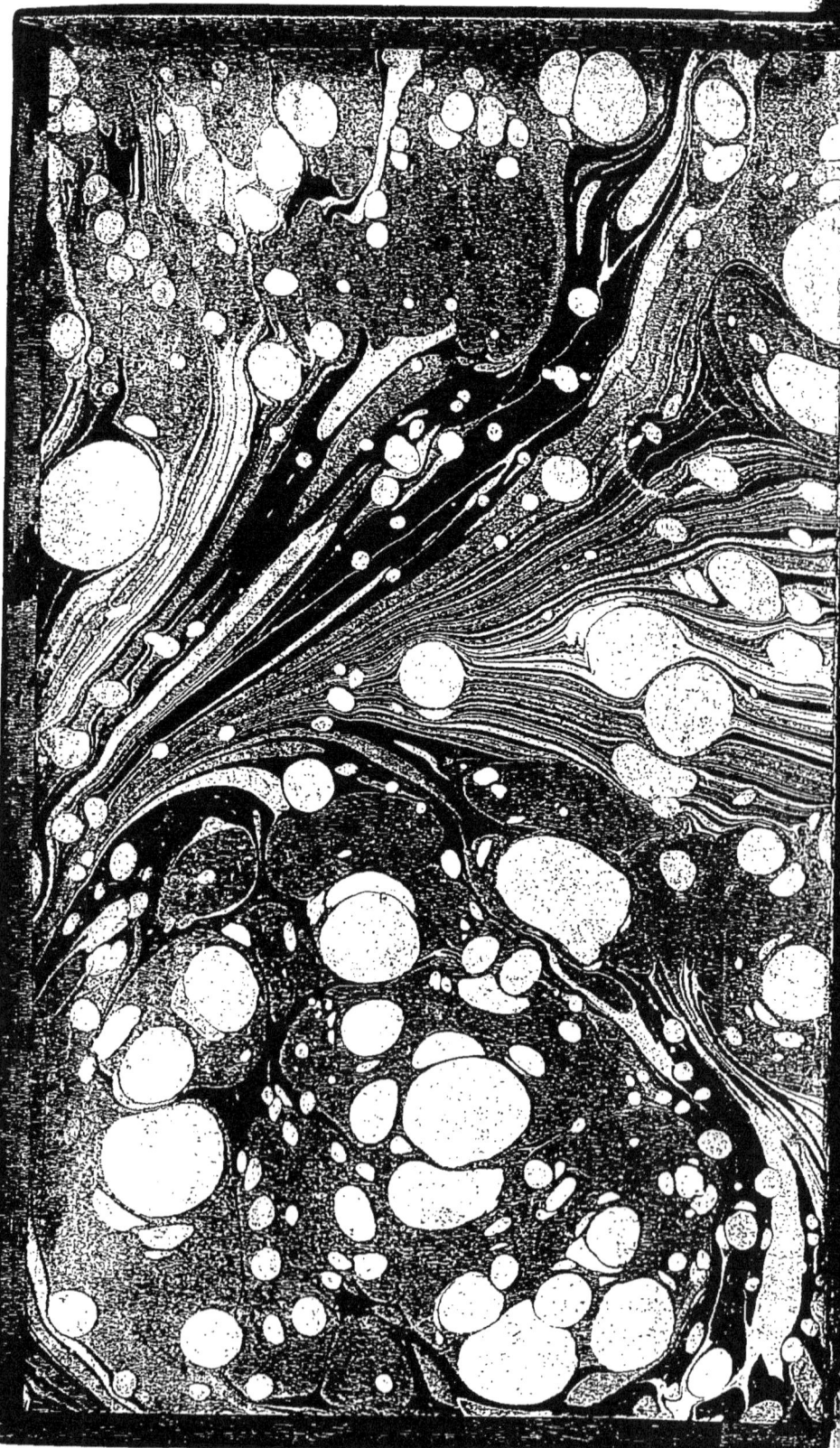

Lh⁴ 102

MÉMOIRES

SUR

LA DERNIERE GUERRE

ENTRE

LA FRANCE ET L'ESPAGNE

DANS LES PYRÉNÉES OCCIDENTALES.

MÉMOIRES

SUR

LA DERNIÈRE GUERRE

ENTRE

LA FRANCE ET L'ESPAGNE

DANS LES PYRÉNÉES OCCIDENTALES.

Par le Citoyen B***.

Avec une carte militaire de la Frontière de France et d'Espagne, où sont tracés les camps retranchés et batteries des Français et des Espagnols.

A PARIS,

Chez TREUTTEL et WÜRTZ, Libraires, quai Voltaire, n. 2.

A STRASBOURG,

Même Maison de commerce, grand'rue n°. 15.

AN X - 1801.

RÉPONSE

DE

MARIE O'RAID

À UN

PASSAGE DU VOYAGE

Par J. Chappe d'A.

Avec une carte mititaire de la Tartarie
de Russie, et diverses observations des
phénomènes remarquables, et batteries des
Français et des Espagnols.

A ...

Chez Trevprent et W... et Libraire
Fribourg, et à

A ST. BASTIEN,
Marchand de commerce, grand'rue N° 24

A AN X — 1802.

LÉGENDE.

Ouvrages faits par les Français.

1, 2, 3. Batterie de la la hauteur de Siboure.
4. Redoute.
5. Retranchement en avant.
6, 7, 8. Retranchemens et batteries.
9. Batterie qui a servi au bombardement de Fontarabie.
10. Ouvrage à la droite du camp des Sans-culottes.
11. Camp des Sans-Culottes.
12. Batterie.
13. Coupure sur la grande route.
14, 15, 16, 17 et 18. Redoutes et réduits sur la hauteur d'Urugne.
19. Redoute du Rocher.
20. Retranchement d'Urugne.
21. Retranchement servant à éclairer la gorge de Biriatou.
22, 23, 25 et 26. Retranchemens de Biriatou et de la hauteur de Bildox, exécutés par les Espagnols.
24. Retranchement sur la montagne de Louis XIV.

27. Batterie du camp de Belchinea.
28. Redoute du Chêne.
29, 30 et 31. Redoute et batteries sur la route passant par le camp de Belchinea, pour aller à Berra.

Ouvrages faits par les Espagnols.

32. Redoute de Marie-Louise.
33. Retranchement de la Bayonnette.
34. Redoute du Rocher.
35. Retranchement sur la route du Commissaire à Berra.
36, 37, 38, 39, 40, 41, 42, 43, 44, 45, 46, 47 et 48. Batteries espagnoles.
49, 50 et 51. Camp et retranchement de St.-Martial.
52, 53, 54, 55 et 56. Batteries sur la Bidassoa.

TABLE DES CHAPITRES.

Introduction, page 1

Première Campagne, 1793.

CHAP. Ier. Théâtre de la guerre pendant cette campagne; force de l'armée : position; attaque de Hendaye et de Jolimont; défaite des Français à Sare; évacuation de Hendaye; formation du camp de Bidart; attaque des Aldudes par les Espagnols; cette vallée évacuée par les Français; ces derniers remportent un avantage à Château-Pignon; invasion dans la vallée de Baztan par les Français, et leur retraite, 9

CHAP. II. Les Espagnols chassés au delà de la Bidassoa; défaite des Espagnols à la Croix-des-Bouquets; Garrau et Féraud, représentans du peuple; vaines tentatives contre Biriatu; Pinet aîné, Monestier (du Puy-de-Dôme) et Cavaignac, nouveaux représentans, p. 51

CHAP. III. Muller, nouveau général en chef; établissement des Français au camp des Sans-Culottes; activité de Latour-d'Auvergne; Incendie d'Urdax et de plusieurs maisons de Zugarramurdy; considérations sur cette première campagne, p. 65

Deuxième Campagne, 1794.

CHAP. IV. Départ de huit mille hommes pour les armées des Pyrénées orientales et de l'ouest; journée du 17 pluviôse; expédition d'Irati, p. 71

CHAP. V. Préparatifs pour une invasion en Espagne; combats à Berdaritz, à Ispéguy, et occupation de ces postes, ainsi que des cols Maya et Harriet par les Français; journée du 28 prairial; défaite des Espagnols le 5 messidor; Caro, général en chef espagnol, quitte le commandement; Colomera, nouveau général; les émigrés surpris et dispersés dans leur camp d'Arquinzu, p. 82.

CHAP. VI. Situation des troupes espagnoles; dispositions pour l'entrée en Espagne par trois points différens; invasion des vallées de Baztan et de Lerins; prise des retranchemens de Vera; réunion des colonnes des généraux Moncey et Delaborde; passage de la Bidassoa par Frégeville; déroute des Espagnols; prise de Fontarabie; les Français à Ernany; capitulation de St.-Sébastien. p. 96

CHAP. VII. Prise de Tolosa; les Français à Guétaria; administration de Pinet dans le pays conquis; expédition dans la Biscaye; Muller quitte le commandement; il est remplacé par Moncey; Départ des représentans Pinet et Cavaignac, remplacés par Delcher, Baudot et Garrau; arrivée d'un renfort de quinze bataillons, p. 121

CHAP. VIII. Dispositions pour envelopper douze mille Espagnols dans la vallée de Roncevaux; combat de Mezquiriz; investissement de la fonderie d'Orbaïcet; affaires des 4 et 5 frimaire du côté d'Ostiz; les Français évacuent la Haute-Navarre; ils défont le marquis de Ruby, et prennent possession d'Aspeytia et d'Ascoytia; considérations sur cette campagne, p. 130

Troisième Campagne, 1795.

CHAP. IX. Epidémie et disette dans l'armée; échec des Français, repoussés jusqu'à Alegria; le prince de Castel-Franco, nouveau général en chef espagnol; embrigadement des bataillons; les Espagnols chassés de la montagne de Marquirnechu; une escadre espagnole sur les côtes de Biscaye; nouvelle expédition résolue, p. 153

CHAP. X. Passage de la Deva par les Français; ils font évacuer la position d'Elosua en la tournant; et une manœuvre semblable les rendent maîtres de Lecumberry; combat d'Irurzun; marche de deux colonnes dans la Biscaye et l'Alava; fuite de Crespo; prise de Vitoria et de Bilbao; affaire de Miranda; combat d'Ollarreguy; Situation des divisions de gauche pendant cette campagne; traité de paix conclu à Bâle; considérations sur ce traité et sur cette dernière campagne; retour des troupes en France, p. 163

CHAP. XI. I. Police et discipline. II. Artillerie. III. Administration. IV. Vivres pain. V. Vivres viande. VI. Approvisionnemens extraordinaires. VII. Fourrages. VIII. Chauffage. IX. Effets de campement et d'habillement. X. Hôpitaux. XI. Transports. XII. Evaluation des dépenses générales de l'armée; p. 193

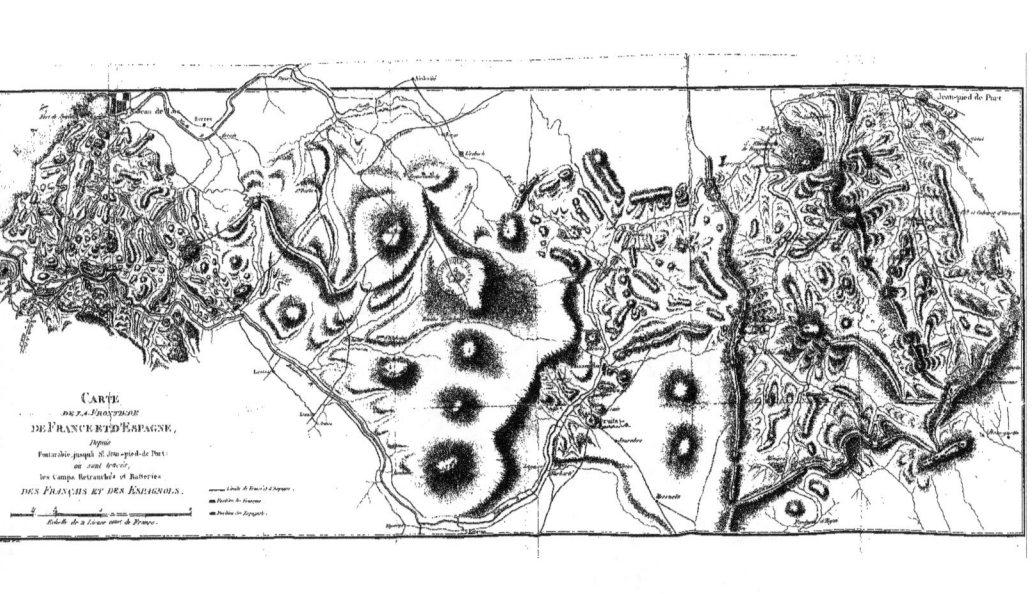

MÉMOIRES

SUR

LA DERNIÈRE GUERRE

ENTRE LA FRANCE

ET L'ESPAGNE,

DANS LES PYRÉNÉES OCCIDENTALES.

INTRODUCTION.

Le pacte de famille avait lié étroitement les intérêts des cours de Versailles et de Madrid. Une juste crainte inspirée par l'état formidable de la marine anglaise et les succès de la guerre d'Amérique, avaient resserré ces nœuds. Les évènemens qui agitèrent la France en 1789, refroidirent le monarque espagnol, qui voyait d'un œil mécontent les principes de la liberté et du républicanisme se développer en France, et menacer tous les trônes de l'Europe d'un entier écroulement. Cependant de grands dangers, une rupture prête à éclater avec l'Angleterre, au sujet des établissemens de Nootka-Sund, rendirent un moment de chaleur à la vieille intimité. On doit se rappeler avec quelle magnanimité la cause de l'Espagne fut embrassée par l'assemblée constituante, au milieu des embarras de toute espèce qui l'environnaient à cette époque. Ce différend se pacifia, et l'Espagne fléchit, sans doute parce qu'elle se défia des secours qui lui étaient offerts : la vacillation de l'autorité en France, la pente violente que prenait l'esprit public vers des idées nouvelles et effrayantes, les orages dont l'horison révolutionnaire paraissait chargé, tout lui inspirait de l'éloignement pour une guerre où elle eût pu être bientôt engagée avec ses seules forces.

La paix affermie avec l'Angleterre, la cour de Madrid reprit à l'égard de la France son rôle de froideur et même de mécontentement. Il lui semblait qu'indépendamment des craintes que devait lui donner la nouvelle doctrine française, l'honneur de la famille des Bourbons se trouvant compromis par l'abaissement de l'autorité royale en France, elle devait à sa dignité de faire éclater une inquiétude particulière sur les évènemens qui se passaient: aussi, quoiqu'après la fuite de Louis à Varennes, une impuissance réelle l'empêchât de se déclarer ouvertement, elle travailla à aigrir de toutes parts les haines élevées contre la France; elle accueillit les émigrés, persécuta les Français domiciliés dans son empire; elle refusa même de reconnaître Louis comme roi constitutionnel; et mêlant toutefois aux dehors du mécontentement les conseils de la politique, elle promit de respecter la paix existante entre les deux nations, et laissa son chargé d'affaires à Paris.

Ce tempérament, qui sauvait en apparence l'honneur espagnol, n'était point propre à éteindre les défiances réciproques. Les choses se maintinrent cependant sur ce pied de paix équivoque pendant toute l'année 1792, malgré la guerre entreprise contre l'Autriche et la Sardaigne, malgré la journée mémorable du 10 août, qui renversa le trône de Louis et le mit en captivité avec toute sa famille, malgré la déclaration solemnelle de la convention, qui constituait la France en république. On serait étonné de cette fidélité de l'Espagne à tenir ses engagemens, si l'on ne considérait que, lente et circonspecte par habitude, cette monarchie devait entrevoir dans une rupture des conséquences d'un genre vraiment effrayant. L'Angleterre ne s'était point déclarée en guerre avec la France, et certes il était à craindre que l'ambition perfide et démesurée de cette puissance ne sacrifiât bientôt l'intérêt des rois au desir d'étendre son commerce par l'envahissement des riches possessions de l'Espagne dans le Nouveau-Monde. Ajoutez à ces motifs la dégénération de l'état militaire, une longue habitude d'inertie, et par-dessus tout la terreur qu'inspirait l'exaltation guerrière de la France armée toute entière, et menaçant l'Europe de l'inépuisable fécondité des royaumes d'Odin.

Enfin la mort de Louis, le mépris avec lequel les remontrances de l'Espagne à ce sujet furent reçues, et la guerre déclarée à l'Angleterre, ne permirent plus de garder une honteuse neutralité. Les négociations commencées pour un rapprochement et un désarmement réciproques furent rompues; on congédia l'envoyé français, et les frontières furent couvertes de nombreuses troupes. Le 7 mars 1793 la convention nationale déclara que la République française était en guerre avec l'Espagne, et le 25 du même mois parurent le manifeste et la déclaration de guerre du roi. Il est inutile de rapporter ici ces diverses pièces, qui ne sont que l'exposé des faits que nous avons cités : ce qu'on y voit de plus remarquable, c'est que la convention nationale, alors assaillie d'ennemis, et qui connaissait le dénuement absolu des frontières limitrophes de l'Espagne, y parlait avec un ton de fierté et d'audace qui contrastait sensiblement avec le stile timide et presque plaintif du roi, préparé de toutes parts à une attaque formidable. C'est sans doute là une preuve incontestable de la répugnance qu'éprouvait ce dernier à se lancer dans une arêne où ses alliés et ses ennemis étaient également à craindre pour lui. On a vu dans la suite avec quel empressement il a détaché sa querelle de celle des autres rois, et accueilli des premiers les propositions de paix qui lui ont été faites. De quelque masque qu'elle se couvre, l'Angleterre est et sera toujours, aux yeux de la cour de Madrid, un oiseau de proie habile et rapace, qui n'attend qu'une occasion favorable pour dévorer les trésors du Mexique et du Pérou.

PREMIÈRE CAMPAGNE
1793.

CHAPITRE PREMIER.

Théâtre de la guerre pendant cette campagne; force de l'armée; positions; attaque de Hendaye et de Jolimont; défaite des Français à Sare; évacuation de Hendaye; formation du camp de Bidart; les Français postés en avant de Jean-de-Luz; état de la division de gauche; courage et zèle des Basques; attaque des Aldudes par les Espagnols; cette vallée évacuée par les Français; ces derniers remportent un avantage à Iramehaca; leur défaite à Château-Pignon; invasion dans la vallée de Baztan par les Français, et leur retraite.

LA guerre s'ouvrait pour la France, sous les auspices les plus défavorables. On avait décrété qu'une armée de cent mille hommes serait rassemblée sur les frontières des Pyrénées; mais ces vaines résolutions n'avaient point suffi pour créer des soldats, des armes, des chevaux, et les approvisionnemens immenses que nécessitait un projet aussi imposant.

L'armée, nommée alors des Pyrénées, avait à défendre toute la frontière, qui s'étend depuis Bayonne jusqu'à Perpignan. Il n'entre point dans notre plan de faire le récit des évènemens qui ont eu lieu dans la partie gauche de cette armée, connue depuis sous le nom d'armée des Pyrénées orientales; nous n'avons point de renseignemens suffisans pour nous guider dans ce travail; notre tâche n'embrasse que l'histoire de l'armée des Pyrénées occidentales.

Depuis la vallée d'Aran jusqu'à l'Océan, on compte un espace d'environ cent mille toises; c'était là la frontière dont la défense était confiée à l'armée des Pyrénées occidentales.

Les Pyrénées, à mesure qu'elles descendent vers la mer, offrent des passages plus faciles, et dès-lors il était indispensable de porter les moyens de défense en échelons croissans vers l'Océan. (1)

---

(1) Les Pyrénées présentent, dans leur profil, une sorte d'amphithéâtre qui descend par gradins d'environ 200 toises, en les parcourant de la pointe de Viguemal jusqu'à l'Océan ; la pointe de Viguemal a 1728 toises d'élévation; de là vous descendez rapidement jusqu'au niveau de la Somme de Soube qui en a 1607; d'où vous trouvez la même rapidité jusqu'au niveau du pic du midi de la vallée d'Ossau, qui n'a plus que 1472 toises. (Il ne faut pas confondre ce pic avec celui de Bigorre, près Bagnères, qui a 1509 toises de hauteur.) Jusqu'ici la crête des montagnes est formée de rochers nuds et couverts en grande partie de neiges pendant toute l'année : plus en avant, la plupart des montagnes présentent un aspect bien moins sauvage, et offrent d'abondans pâturages jusqu'à leurs sommités. Du pic du Midi, le troisième échelon descend au niveau du pic d'Anie (nommé, par les Basques, Ahugna, et par les Espagnols, Cenia-Larra.) Ce pic a 1280 toises d'élévation. Le quatrième échelon descend au niveau de la montagne de Hory, dont l'élévation est de 1031 toises. Le cinquième échelon peut se compter au niveau d'Orsansurietta, dont la hauteur est de 801 toises. Le niveau de la montagne de Haussa, au dessus de la vallée de Baztan, qui a 667 toises, forme le sixième échelon ; celui

Plus de soixante passages, nommés par les Français *Cols*, et par les Espagnols *Puertos*, traversent les Pyrénées dans cette étendue. Ceux qui servent à la communication de la vallée de Barèges et de celles de Cauteretz et d'Asun, qui sont les branches de la première, avec les vallées espagnoles de Brutho et de Théne, sont rudes, pénibles et à peine praticables pour les bêtes de charge; les chemins qui conduisent de la vallée d'Ossau dans celles de Théne et de Camfranc, sont de la même nature. Ils s'améliorent sensiblement dans la vallée d'Aspe, où, par le col de Peyrenère, on achemine vers Camfranc les mulets les plus chargés; les vallées de Barétous et de Mauléon, limitrophes de celles de Salazar et de Roncal, dans la Haute-Navarre, y communiquent par des routes où passent

---

de la Rhune, au dessus de Jean-de-Luz, qui est de 462, forme le septième; enfin la montagne d'Aizquibel, au bord de la mer, élevée sur sa surface de 278 toises, forme le huitième et dernier échelon; car cette montagne descend rapidement jusqu'à l'Océan.

les mulets, mais que les vents et la neige dégradent fréquemment.

Jusques-là la nature semble avoir mis ces frontières dans un état formidable de défense. En général toutes ces vallées ont des plaines ou bassins et des défilés; cette organisation est entièrement en faveur de celui qui défend le terrain; car si l'attaqué est inférieur en nombre à l'attaquant, il l'attend dans les défilés; s'il lui est supérieur, il combat son ennemi dans la plaine. Cependant l'accès des vallées d'Ossau et d'Aspe est beaucoup plus facile, à raison de la pente douce et unie de ses ports de communication : aussi a-t-on pendant toute la guerre placé des troupes réglées et quelques pièces d'artillerie dans ces deux vallées; les autres étaient sous la garde des milices du pays.

Ces frontières ont été le théâtre de quelques incursions sans objet et sans suite. Dans la vallée d'Ossau, environ quatre cents gardes nationaux, postés à la Caze de Brosset, (1)

---

(1) Le poste de la Caze de Brosset est absolument mauvais, et il ne faut pas avoir la moindre connais-

furent enveloppés et taillés en pièces le premier juillet 1793.

Le 19 fructidor an 2, quatre mille Espagnols descendus des ports de Pau et de la Couarde dans le pays d'Aspe, furent repoussés par le 5e. bataillon des Basses-Pyrénées. Ce qui se passa dans les vallées de Barétous et de Mauléon semble appartenir à d'autres tems. Les habitans payaient chaque année aux vallées voisines de Roncal et de Salazar un tribut de trois génisses. Etrangers à la querelle du roi d'Espagne, et ne doutant point que la bonne harmonie ne dût subsister toujours entr'eux et les habitans des vallées françaises, ceux de Roncal et de Salazar se rendirent au lieu et à l'époque accoutumés pour recevoir les trois génisses : il ne parut personne au rendez-vous ; on s'avança alors sur les

---

sance des localités pour y placer des troupes ; ce poste peut être tourné tant à droite qu'à gauche, en faisant filer des troupes par des gorges qui prennent naissance dans la haute montagne, et débouchent à environ un quart-de-lieue, au dessous de la Caze.

terres de France, on choisit trois génisses dans le premier troupeau qu'on rencontra, et chacun se retira en paix après cette expédition. Cette manière de se faire justice déplut aux Français, qui entrèrent à leur tour dans les vallées espagnoles, saisirent un grand nombre de troupeaux et brûlèrent même quelques maisons ; alors les Espagnols revinrent en force et mirent le feu au village de St.-Engrace.

La défense des passages par Jean-Pié-de-Port exigeait des moyens plus étendus que celle des pays que nous venons de parcourir. (1)

Depuis Behorléguy jusqu'à St.-Michel,

---

(1) A commencer de la Basse-Navarre les limites ont une direction fausse ; elles quittent les grandes montagnes, coupent les ruisseaux qui forment la rivière d'Ascain, et ceux qui tombent dans la Nive au dessous du pont de Bidarray, au lieu qu'en passant par les pointes d'Altobiscar, de Renacabal, d'Ispéguy, de Bustancelay, de Maya, et d'Echalar, la frontière séparerait avec précision les eaux et les montagnes, et poserait, entre les deux états, les bornes régulières que la nature semble avoir établies.

il y a une route qui, passant près de la montagne d'Erosate descend à la rivière d'Irati, et de là à la fonderie d'Orbaïcet ; on ne garda point cette avenue presqu'impraticable.

Les frontières de la vallée d'Ossez furent protégées par les compagnies franches du pays qui couvraient Bidarray.

Ainsi, le théâtre de la guerre ne comprit véritablement dans cette partie que les frontières qui s'étendent depuis St.-Michel jusqu'à Baygorry, situés à environ quatre lieues l'un de l'autre. Deux chaînes de montagnes traversent cet espace presque parallèlement du nord au sud : elles le coupent en deux grandes vallées ; la première renferme la gorge d'Arnéguy et Valcarlos, la deuxième Baygorry et les Aldudes.

La chaîne de l'est offre une des plus belles routes qui, par les Basses-Pyrénées, conduisent de France en Espagne ; elle part de Jean-Pié-de-Port et conduit à Pamplune ; elle monte d'abord à la montagne d'Orisson sur un plan fort incliné, et, quoique tracée en zig-zag, les voitures y montent difficilement. Depuis Orisson, la pente est moins rude,

rude, et le chemin, après avoir suivi le plateau de la montagne, descend au col d'Ibagnet, de là à Roncevaux, d'où elle se dirige sur Pamplune (1). La gorge d'Arnéguy, arrosée par le ruisseau l'Aïri, qui sort de la montagne d'Ibagnet, commence un peu au dessus d'Arnéguy. Elle a environ trois lieues de longueur : toute la rive droite, en remontant l'Aïri, appartient aux Espagnols, c'est ce qu'on nomme le Valcarlos; la gauche est aux Français. Un beau chemin conduit de Jean-Pié-de-Port à Arnéguy; depuis ce village ce n'est plus qu'un sentier qui aboutit au col d'Ibagnet. Sur la crête de

---

(1) Le terrein de la partie espagnole correspondant à cette limite est d'une irrégularité dont on peut se faire une idée par l'exemple suivant : le chemin qui va de Burguet à Ochagavia, dans la vallée de Salazar, passe d'abord par Garralda, qui est à peu près au niveau de la plaine de Roncevaux, élevée de 477 toises au dessus de la mer; il aboutit de là au village d'Arriba, dont le sol n'est exhaussé, sur la surface de la mer, que de 358 toises, de sorte que de Garralda à Arriba, sur une distance de 1150 toises, il y a dans le niveau une différence de 119 toises.

B

la chaîne occidentale des montagnes, un mauvais sentier conduit de Jean-Pié-de-Port ou de Baygorry au col d'Ibagnet; là s'élève le rocher d'Arola, poste intéressant qui éclaire les gorges d'Arnéguy et de Baygorry.

Cette dernière gorge s'étend depuis Baygorry jusqu'au col d'Ibagnet; elle communique par ce col avec la vallée de Roncevaux; tout son flanc droit confine à la vallée de Baztan, où conduisent plusieurs passages. Les deux plus essentiels sont ceux de Berdaritz et d'Ispéguy; une route où passent les charrettes traverse cette gorge dans toute sa longueur, qui est d'environ six lieues.

La forteresse de Jean-Pié-de-Port est située à l'issue de tous ces débouchés; elle est sur le bord de la Nive. Elle était peu de chose au commencement de la guerre, et ce ne fut qu'au mois de juillet suivant qu'on la couvrit par des ouvrages avancés.

Le district d'Ustaritz, pays de Labourt, confine avec la vallée de *Baztan*, les *Cinco-Villas* et le *Guipuscoa*.

D'Ainhouë on se rend dans la vallée de Baztan par le col de Maya; les charrettes passent par ce chemin pendant l'été, mais dans la mauvaise saison les mulets même ne le trouvent pas quelquefois praticable.

Le passage par Echalar est encore plus difficile que le précédent ; celui d'Olette, qui aboutit à Vera, est meilleur et toujours ouvert.

De Bayonne à Pamplune, la grande route est belle et comparable au moins à celles de France, depuis Irun jusqu'à Pamplune.

Après cette courte notice sur les frontières, nous passons au récit des événemens.

L'armée, formant alors une division de l'armée des Pyrénées, était forte dans sa totalité, au mois de mars, de quatorze bataillons et demi de ligne, d'un bataillon d'infanterie légère, de dix-huit compagnies franches et de quinze compagnies de canoniers, composant environ huit mille hommes ; elle était sous le commandement du général de division Duverger, ayant sous ses ordres les généraux de brigade Renier et Lagenetiere. La droite de l'armée fut divisée en trois camps ; le premier, composé de quatre bataillons, était placé sur le rideau qui est à la droite du village de Hendaye, d'où il éclairait une partie des rives de la Bidassoa. Appuyé à sa droite par le fort de Hendaye, il avait sur son front la hauteur dite le Café Républicain, et en avant de son aîle gauche la montagne de Louis XIV, où l'on avait placé une batterie de cinq canons de gros calibre; il prolongeait sa gauche par quelques troupes légères jusqu'à Jolimont, où se trouvait un second camp de deux bataillons. Le troisième camp de trois bataillons était placé en avant de Sare, vis-à-vis le village espagnol de Zugarramurdy; quelques chasseurs placés à Ainhouë, et à l'entrée de la gorge qui conduit à Vera, soutenaient ses flancs.

La gauche ne prit sa position qu'au mois de mai; nous en parlerons en tems convenable.

Les Espagnols avaient alors des avantages considérables; ils étaient maîtres de tous les sommets des montagnes; pourvus d'une nombreuse artillerie; et comptaient 30,000 hommes, sous les ordres du capitaine général Don Ventura Caro. Ainsi s'offrait pour eux la perspective la plus flatteuse. Ils placèrent un camp sur la montagne de S. Martial, aux bords de la Bidassoa; de fortes redoutes, garnies de canons et de troupes, appuyaient solidement la gauche de ce camp à la place de Fontarrabie, qui contenait le fort de Hendaye; la droite se liait fortement à un nouveau camp de 4,000 hommes, qui occupait les hauteurs de Vera, et éclairait les passages d'Olette et d'Echalar.

Il était facile de voir que le cordon français, faible et rompu, présentait à l'ennemi de trop grandes chances de succès pour qu'il conservât longtems une situation immobile; on ne sentait point alors assez l'avantage de former des masses, et la manie de vouloir conserver jusqu'aux plus insoutenables positions, mettait en un péril imminent tout le pays et toute l'armée. (1)

---

(1) D'ailleurs les généraux républicains étaient gênés dans leurs dispositions par l'intérêt individuel des habitans des frontières, dont il fallait couvrir, pour ainsi dire, chaque grange, sous peine de passer pour traître à la patrie; ce qui obligeait les généraux à disperser les troupes, au lieu de les réunir sur les principaux points de défense. On n'a osé se mettre au dessus des clameurs individuelles

Caro, quoiqu'assujetti par ses ordres à la plus exacte défensive, connut bientôt notre faiblesse, et résolut d'en profiter.

Le 23 avril 1793, une nuée de boulets, de bombes et d'obus assaillit à la fois le camp, le fort de Hendaye et la redoute construite sur la montagne de Louis XIV. Cette soudaine explosion jeta le désordre parmi nos soldats, et leur consternation fut au comble, à la vue des habitans de Hendaye, fuyant éplorés avec leurs femmes et leurs enfans. Les Espagnols franchirent la Bidassoa, s'emparèrent de la montagne de Louis XIV, et détruisirent la batterie. C'était en vain que le général Renier cherchait à ranimer des courages abattus. Cependant quelques mots de Willot, chef du 5e. bataillon d'infanterie légère, rendirent de l'énergie aux troupes. Le moment était pressant, la gauche était attaquée avec vigueur, tandis que le fort de Hendaye était vivement canoné; le général Renier et plusieurs autres étaient

---

que lorsque nos revers eurent prouvé à tout le monde qu'en affaires de guerre il faut sacrifier l'intérêt particulier à l'intérêt général.

blessés : on marcha aux Espagnols qui repassèrent la Bidassoa avec précipitation. Cette action peu meurtrière obligea cependant les Français à reculer le lendemain leur camp jusqu'à la Croix-des-Bouquets, pour se mettre à l'abri du canon de l'ennemi. Content d'avoir ainsi sondé ce point, le général espagnol fit sur Jolimont une tentative qui ne fut ni heureuse ni opiniâtre.

De là il crut devoir exécuter sur le camp de Sare une expédition plus décisive.

L'armée française avait alors reçu le renfort d'un régiment de ligne, et Duverger n'était plus général; les représentans du peuple l'avaient fait arrêter et conduire à Paris.

Le camp de Sare était situé sur une hauteur vis-à-vis le village espagnol de Zugarramurdy; à la droite était la gorge de Vera, mal gardée, par où l'ennemi pouvait envelopper le camp tout entier. Cette distribution, au moins imprudente de cette portion de l'armée, occasionna le désastre du 1er. mai. Les Français venaient de piller le village de Zugarramurdy, où il n'y avait que cent cinquante volontaires d'Arragon, et le représentant du peuple Dartigoeyte avait cité cette action à la convention comme un exploit éclatant.

Le soir du 30 avril, Pinsun, lieutenant-colonel des chasseurs des montagnes, chargé de veiller sur la gorge, remarquant quelques mouvemens, en fit prévenir le cit. Lachapelette, colonel du 80e. régiment, qui, arrivé la surveille avec cent hommes, avait remplacé, dans le commandement du camp, le chef du 3e. bataillon du Gers Barbazan. Un détachement de canoniers du 1er. bataillon des Hautes-Pyrénées, eut ordre sur le champ de se porter au poste de Churitéguy, à l'entrée de la gorge, avec deux pièces de quatre, pour occuper une espèce de redoute qu'on y avait construite.

Le lendemain, premier mai, à la petite aube du jour, tandis que les canoniers s'apprêtaient à monter leurs pièces, un feu violent de mousquetterie partit de tous les côtés; les Français surpris se rallient un moment à la voix de leurs chefs; mais bientôt, effrayés de ne point apercevoir l'ennemi tandis que la mort vole dans leurs rangs; ils fuient : les Espagnols, débouchant de la gorge, s'emparent de la redoute, des deux pièces de quatre, et marchent sur le camp. Lachapelette ordonne aux cent hommes de son régiment, à la tête desquels était le brave Latour-d'Auvergne, d'aller arrêter les Espagnols, et, suivi lui-même de cent volontaires, il court protéger cet intrépide détachement.

Latour-d'Auvergne va se porter sur la hauteur Sainte-Barbe, et là, après avoir envoyé des éclaireurs à sa droite et à sa gauche, il laisse arriver paisiblement la cavalerie ennemie, forte de cinq cents hommes; à vingt pas de distance il ordonne le feu. La fuite de cette cavalerie fut plus rapide que n'avait été son approche; elle se recueillit pendant quelques momens, et, soutenue par un gros d'infanterie, elle revint à la charge; même accueil, même succès.

Après une demi-heure de combat, la retraite fut jugée nécessaire. Latour-d'Auvergne, avec quelques grenadiers, se retire vers le camp; il trouve par-tout la confusion et le désordre, que Lachapelette cherchait en vain à arrêter. Les troupes s'enfuyaient par le chemin d'Ainhouë, abandonnant quatre pièces de canon ; il fait atteler les chevaux d'artillerie, et en face de l'ennemi, et après des peines incroyables, il sauve trois de ces pièces; la 4e. non attelée fut enclouée et jetée dans un vallon.

Notre petite armée n'arriva que la nuit à Ustaritz, où elle se rallia; elle ne fut point poursuivie par les Espagnols, qui, après avoir brûlé le camp, rentrèrent dans leurs limites.

Cette action coûta aux Français trente hommes, dont Pinsun, le chef du 1er. bataillon de la légion des Montagnes, trois officiers du même corps, et deux autres, l'un du 2e. bataillon des Landes et l'autre du 3e. bataillon du Gers. Le capitaine Dessein du 80e. régiment fut blessé, et le chef de brigade Lachapelette eut son cheval percé d'une balle.

Mais les suites de cette affaire pouvaient devenir très-funestes; les Espagnols, maîtres de Sare, pouvaient envelopper les troupes placées à Hendaye et à Jolimont : d'ailleurs, avec les faibles moyens que possédait alors l'armée, c'était une perte considérable que celle de trois pièces de canon et de deux cents tentes.

La nouvelle de cet évènement se répandit bientôt à Bayonne. La consternation s'empara de tous les esprits; le dénuement profond où l'on se trouvait faisait craindre avec raison que l'armée espagnole, dont on grossissait la force, ne vînt tenter d'emporter la place : soldats, habitans, tous étaient en mouvement, soit pour traîner les canons sur les remparts, soit pour éclairer les approches de la ville. Les rapports des fuyards et des malheureux habitans de Sare contribuaient encore à entretenir la terreur; on ne se rassura que lorsqu'on eut des nouvelles positives de la retraite des Espagnols.

Cependant, au premier bruit de l'attaque, on fit marcher deux cents dragons du 18e. régiment et le 3e. bataillon de l'Hérault, arrivés depuis peu de Toulouse. Le bataillon bivouaqua pendant deux nuits sur les hauteurs d'Arcangoïts, et quelques dragons se portèrent jusques dans Sare, qu'ils trouvèrent évacué. Quelques jours avant cette affaire, le général Servan était arrivé à Bayonne; le 2 mai, il ordonna la formation d'un camp à Bidart, et l'évacuation de Hendaye et de Jolimont.

Cette dernière opération eut lieu de la manière la plus tumultueuse, et ressembla beaucoup à une déroute, quoique l'ennemi n'eût pas fait le moindre mouvement. Malgré la terreur panique qui saisit les troupes, les effets de campement furent sauvés, mais on laissa dans le fort de Hendaye des munitions de guerre et de bouche, ainsi que deux mortiers de douze pouces, trois pièces de seize en bronze, trois pièces de dix-huit, et quatre de vingt-quatre en fer.

Nous venons de parcourir l'époque de cette guerre la plus glorieuse pour les Espagnols; tems funeste et douloureux où toutes les frontières regorgeaient de sang français, où la plus odieuse trahison livrait à l'épée autrichienne la fleur de nos guerriers, où des conjurés audacieux ourdissaient ouvertement la trame qui devait enchaîner la République sous les cadavres de ses meilleurs citoyens.

Le malheur des circonstances qui jetait dans l'armée, comme ailleurs, un esprit sombre et défiant, rendait les liens de la discipline extrêmement relâchés; et les revers agravaient le mal, qui prenait sa source dans l'anarchie des idées et dans la pression révolutionnaire effectuée du bas en haut.

Le général Servan établit l'armée de droite au camp de Bidart, pour couvrir la place de Bayonne; il sentit que dans l'état de désorganisation où se trouvaient les troupes, il fallait les plier peu-à-peu aux institutions militaires; et que les placer en ce moment dans une position sujette à être disputée, c'était exposer au hasard du plus léger revers le salut de toute la frontière. Il poussa cependant une avant-garde de deux bataillons et de cent dragons jusqu'à Jean-de-Luz; il envoya les grenadiers de l'armée, sous les ordres de Latour-d'Auvergne, à Saint-Pée, à une lieue derrière Sare. Les Espagnols, qui y étaient venus quelques jours auparavant, avaient imposé une contribution de troupeaux sur cette commune, acquitable dans l'espace de huit jours : cette contribution ne fut point payée, et les Espagnols ne vinrent point. Vers le milieu de mai, les grenadiers occupèrent la position de Serres, qui surveillait les gorges d'Ascain et d'Olette, et les 2ᵉ. et 3ᵉ. bataillons des Landes, avec des chasseurs, s'établirent à Saint-Pée.

Le campement de Bidart (1) peut être considéré comme l'époque de l'organisation de l'armée; l'arrivée des recrues, résultat de la levée des trois cent mille hommes, ordonnée par la loi du 21 février, un exercice continuel, une discipline plus régulière, et surtout le commandement plein d'ordre et de fermeté du général Dubouquet, donnèrent en peu de tems une attitude vraiment militaire à ce corps de troupes.

---

(1) Ce camp appuyait sa droite à la mer, et sa gauche à la maison dite *Contesta*, laissant en avant celle de la poste : le plateau, à droite du grand chemin près de l'église, était aussi occupé par un bataillon et par quelques pièces d'artillerie pour battre sur les environs.

Pendant ce tems, les Espagnols se montrèrent faiblement. Ils descendirent du col de Maya jusques dans Ainhoüe. A la droite, ils entrèrent dans Urrugne, passèrent à Jolimont, sans vouloir attendre notre avant-garde, qui marchait à eux. Insensiblement, cette avant-garde fut renforcée de quelques bataillons, qui furent placés au dessus de Ciboure, et, à la fin de mai, une grande partie du camp de Bidart vint joindre cette avant-garde. Alors on établit le centre de cette petite armée sur les hauteurs de Bourdagain, la droite sur celles en avant du fort Socoa, se dirigeant sur la côte vers la hauteur de Cantarabita, et la gauche vers la gorge d'Olette, et formant un retour sur Belchénéa. L'avant-garde occupait Urrugne (1).

Les hostilités ne commencèrent dans la

___

(1) La position d'Urrugne fut dans la suite consolidée par le mouvement qu'on fit faire à la droite et à la gauche; on porta la première au camp des Sans-culottes, la deuxième à la position qui va du chemin d'Olette sur Urrugne, placé ainsi dans un rentrant.

partie de Jean-Pié-de-Port qu'au milieu du mois d'avril 1793 (v. st.). Les Espagnols se montrèrent sur le col d'Ispéguy, d'où ils furent promptement débusqués ; ils envahirent également Ondarrolle, qu'ils abandonnèrent à l'approche des Français, qui pénétrèrent jusqu'au village de Lussaïde et le pillèrent.

A la fin d'avril, la division de Jean-Pié-de-Port était composée de six bataillons et demi, de dix compagnies de chasseurs Basques, et d'une autre compagnie franche, dite du Louvre. Une heureuse émulation avait appelé sous les drapeaux français ces dix compagnies de chasseurs Basques. Elles renfermaient presqu'entièrement des hommes d'une taille élevée, d'une vigueur et d'une agilité singulières ; nés au sein des montagnes, ils y avaient contracté une passion sans bornes pour l'indépendance, et leurs contestations journalières sur les limites avec les habitans de la partie Espagnole, avaient allumé chez eux une haine implacable contre cette nation ; leur démarche fière, leur valeur infatigable, une connaissance entière de tous les sentiers, de tous les

les passages des montagnes, un langage presqu'inconnu, leurs cris barbares, et jusqu'à leurs vêtemens bisarres et sans uniformité, tout contribua à les rendre la terreur des Espagnols. Ces chasseurs n'étaient point soumis d'ailleurs à une discipline régulière, qui eût gêné l'essor particulier de leur courage, et attiédi dans ces ames indépendantes l'inébranlable résolution où ils étaient de défendre à tout prix des lieux objets presqu'exclusifs de leur idolâtrie.

On avait confié au général Lagénetiere le commandement de cette partie de l'armée. Le général de brigade Nucé n'exerça qu'un moment les mêmes fonctions avant lui.

Le camp principal, composé seulement de trois bataillons, fut établi sur la route de Pamplune, derrière Château-Pignon, à moitié chemin d'Orisson à Altobiscar. Le plateau sur lequel le camp était assis, était traversé dans sa largeur par un faible redan, qui se terminait à une vieille masure où était autrefois construit le château; on en avait fait une espèce de citadelle, et deux canons de huit y avaient été placés. L'avant-garde, forte de douze compagnies de chasseurs, venus de la droite, sous les ordres du capitaine Moncey, s'était établie en avant de Château-Pignon. Au bas du camp sur la droite et dans la gorge d'Arnéguy étaient deux compagnies du 4e. bataillon des Basses-Pyrénées, destinées à occuper tour-à-tour les postes d'Arnéguy et d'Ondarolle.

A la droite de cette dernière position, et à deux lieues et demie de distance, le 1er. bataillon des Basses-Pyrénées, et quatre compagnies du 4e. bataillon du même département, défendaient les Aldudes ; on avait placé deux compagnies de chasseurs Basques sur le chemin qui conduit aux cols d'Ispéguy et de Bustancelay. Le 4e. bataillon de Lot et Garonne se partageait entre St.-Michel et la citadelle de Jean-Pié-de-Port.

Tel fut le système de défense de cette partie de la frontière. Il est facile de voir qu'il avait des vices très-essentiels. Des troupes aussi peu nombreuses ne devaient point être éparpillées avec tant d'inconsidération : il valait mieux, puisqu'on ne pouvait garder convenablement tous les passages, n'en garder aucun ; car avec un peu de célérité dans ses mouvemens, l'ennemi, maître d'une des portes de notre territoire, eut pu enlever brusquement tous les petits corps dispersés sur un terrein considérable. Malgré le désavantage d'être en plaine, nous eussions mieux assuré notre défense en nous tenant dans une position serrée aux environs de Jean-Pié-de-Port : alors, circonscrits dans un espace étroit, nous aurions balancé la supériorité du nombre en n'occupant que la corde de l'arc que l'ennemi eût été obligé de décrire.

A ces faibles moyens, les Espagnols opposaient douze mille hommes de troupes réglées, six cents hommes de cavalerie et une artillerie nombreuse, distribués dans les vallées de Baztan et de Roncevaux. Ils placèrent un camp en avant d'Altobiscar, des postes au pied de la montagne d'Ibagnet, sur un rocher élevé à la gauche du col de Berdaritz et sur la montagne d'Ourisca, qui domine le vallon des Aldudes ; de sorte qu'ils étaient maîtres de toutes les montagnes depuis Lindous jusqu'à la fonderie de Baygorry.

De tous les lieux que nous occupions, le plus exposé et le plus convoité par l'ennemi était les *Aldudes*, communication naturelle des vallées de Baztan et de Roncevaux. Tout semblait réclamer l'entier abandon de ce vallon sauvage, son isolation, ses débouchés nombreux, notre faiblesse, et surtout l'insurmontable aversion des habitans pour une cause embrassée par les Baygorriens. Le col de Berdaritz, où l'on avait construit un petit redan, était en notre pouvoir.

Malgré cette périlleuse situation, malgré les fatigues excessives des troupes, on conserva les Aldudes pendant un mois et demi. C'est surtout à la valeur brillante du premier bataillon des Basses-Pyrénées, aux talens et à l'activité de son chef, le citoyen Desolimes, que l'on dut, nous ne disons pas seulement cette longue possession, mais encore le salut des troupes cantonnées dans la vallée.

Le 18 mai, l'ennemi fit les plus grands efforts pour s'emparer du col de Berdaritz, qui l'aurait rendu maître des Aldudes. Les deux compagnies qui gardaient ce poste, attaquées à la pointe du jour par dix-huit cents hommes, se replièrent derrière le redan; en vain, possesseurs de toutes les hauteurs qui dominent le col, les Espagnols firent tous leurs efforts pendant près de deux heures pour faire reculer ce faible détachement; la résistance fut assez longue pour donner à Desolimes le tems d'accourir avec six compagnies. Le combat se ranima et dura jusqu'à trois heures après-midi; alors la compagnie des grenadiers du 1er. bataillon des Basses-Pyrénées se porta sur les derrières de l'ennemi, qui s'enfuit en désordre à travers les bois qui couvrent ces montagnes.

Telle fut l'issue de cette action, après laquelle on songea sérieusement à quitter les Aldudes. Les troupes étaient excédées de fatigue par les veilles de chaque nuit, par les combats de chaque jour, et il n'existait point dans la division de bataillons frais pour les relever. L'évacuation des Aldudes fut effectuée le 27 mai pendant la nuit; elle se fit en bon ordre et en silence, parce qu'il fallut passer au pied de la montagne d'Ourisca, qu'occupaient les Espagnols.

Le lendemain, ces troupes furent établies en avant de la fonderie de Baygorry. Le 1er. bataillon des Basses-Pyrénées occupant le village, l'entrée de la gorge et rochers d'Araca ; le 4me. bataillon du même département, avec deux compagnies de chasseurs Basques, campant sur le plateau d'Iraméhaca, sous les ordres du citoyen Mauco, chef du 4me. bataillon : le col d'Ispéguy fut gardé par le 3me. bataillon de la Dordogne, arrivé depuis peu.

Les Espagnols ne descendirent aux Aldudes que trois jours après le départ des Français ; Ils furent accueillis très-favorablement par les habitans, qui s'enrôlèrent la plupart dans les compagnies levées pour le service d'Espagne ; hommes abusés, plus à plaindre qu'à mépriser dans leur défection même, puisqu'ils ont presque tous péri les armes à la main !

Après ce succès, les mouvemens de l'ennemi annoncèrent le dessein prononcé de s'emparer de tous les cols et défilés des montagnes dont nous étions encore maîtres. Il tenta d'abord de reprendre le Val-Carlos, plutôt par condescendance pour les habitans, que par aucun motif d'utilité militaire. Le 25 mai à midi, quinze cents hommes entrèrent dans Lussaide ; deux compagnies du 4me. bataillon des Basses-Pyrénées, qui défendaient cette vallée, se replièrent sur un rocher au dessus d'Arnéguy : les Espagnols s'avancèrent jusqu'à deux portées de fusil de ce dernier village, et travaillèrent sur-le-champ à se fortifier à Lussaïde et à Ondarolle. Le lendemain au matin il fut ordonné au 4e. bataillon de Lot et Garonne, au 3e. des Landes, et à deux compagnies des Basses-Pyrénées, d'attaquer l'ennemi de front, tandis que deux cents hommes, cantonnés à Lasse, tourneraient ses derrières. Deux cents hommes descendirent du camp de Château-Pignon avec deux pièces de campagne, qu'on établit à trois heures après-midi sur le versant de la montagne d'Ondarolle ; à peine eurent-elles tiré deux ou trois coups, que l'ennemi, surpris et épouvanté, s'enfuit avec la plus grande précipitation ; on ne put atteindre que quelques volontaires d'Arragon.

La position de Lussaïde ne pouvant être gardée par nos troupes, on les replia sur Arnéguy, après avoir chassé les Espagnols de tout ce canton. Avant de sortir du village, l'adjudant-général Junker donna les ordres les plus sévères pour qu'il ne fût point endomagé; mais à peine les troupes en étaient parties, et à un demi-quart de lieue, que la flamme éclata dans plusieurs endroits à-la-fois, sans qu'on ait pû découvrir les auteurs de cet incendie. De pareils évènemens sont toujours fâcheux, et leur moindre inconvénient est de donner lieu à de justes et cruelles représailles.

Peu découragés par le léger échec de Lussaïde, les Espagnols inquiétaient de plus en plus les Français; on eut surtout des craintes vives sur le camp de Château-Pignon : cinq compagnies du 1er. bataillon des Basses-Pyrénées, sous le commandement de leur chef Desolimes, eurent ordre de s'y rendre : le 3 juin, elles quittèrent la Fonderie.

Ce fut ce même jour, à trois heures après-midi, que tous les postes en avant de la Fonderie furent attaqués. De gros détachemens descendus du camp d'Iraméhaça avec deux pierriers, fermèrent le passage de la gorge à l'ennemi. Il pressait vivement avec des forces très-supérieures cent hommes postés aux rochers d'Araca.

Le capitaine Lamarque, qui y commandait, animait ses compagnons par son exemple et par ses discours : au milieu de l'action, il tombe mort, percé d'une balle. La perte de ce jeune et intéressant officier n'affaiblit point le courage du détachement, qui combattit jusqu'à la nuit ; alors incapable de garder toutes les approches du poste, il se décida à effectuer sa retraite sur la Fonderie, ce qu'il exécuta sans accident, emportant avec lui le corps du brave Lamarque.

Par la possession des rochers d'Araca, l'ennemi pouvait facilement descendre à la Fonderie, et se porter entre le camp d'Iraméhaca et Baygorry ; on crut devoir abandonner la gorge où l'on risquait d'être enveloppé, et toutes les troupes eurent ordre de se retirer sur les montagnes d'Anhaux ; de là on était à portée de marcher au secours de Baygorry, s'il était attaqué. Avant la retraite, les tentes qui couvraient le camp d'Iraméhaca furent livrées aux flammes, parce qu'on n'avait point de transports.

Parvenues sur les montagnes d'Anhaux,

les troupes françaises sentirent renaître leur ardeur : c'était la première fois que l'ennemi avait triomphé d'elles dans un combat; le ressentiment, la honte agitaient tous les esprits; les tourbillons de flamme qui s'élevaient de la Fonderie (1) et qui annonçaient sa destruction totale, déterminèrent les résolutions les plus fières : il fallait venger ses malheureux habitans, laver le déshonneur de la veille, préserver Baygorry du pillage et de l'incendie. Le commandant Mauco ordonne l'attaque ; trois cents hommes vont occuper le rocher d'Arola pour contenir les troupes espagnoles, qui, venues par le chemin de Lindous à Baygorry, couvraient la montagne de Lussaïde. Le reste de ce petit corps d'armée, au nombre de quatre cents hommes, marche au plateau d'Iraméhaca; dix-huit cents Espagnols rangés en bataille

---

(1) Cet établissement entretenait, avant la révolution, 500 ouvriers; on n'y fondait que du cuivre et de l'argent qu'on tirait d'Iturrigory, en deçà des Aldudes : il y avait, dans le quartier d'Unteleguy, une forge où l'on faisait des boulets et même des canons.

les attendaient. On engage une fusillade très-vive ; les Français, épars et cachés derrière des bornes, portaient des atteintes funestes dans les rangs pressés et découverts de l'ennemi. Mauco s'aperçoit cependant que sa gauche est débordée ; il veut donner ses ordres, une balle le blesse dangereusement à la tête : *Ce n'est rien*, s'écrie-t-il, *mes amis, vengez-moi*. A ces mots, le courage des troupes se change en fureur : dans le même moment, les Espagnols détachent quelques troupes pour s'emparer de deux maisons à leur gauche ; on prend ce mouvement pour une fuite, on saute de tous côtés par dessus les bornes, on se précipite baïonnette en avant sur l'ennemi, qui se rompt, et fuit en pleine déroute : à cette vue, tout ce qui couvrait la montagne de Lussaïde se disperse et disparaît.

Le colonel-commandant, un adjudant-major, trois capitaines et plusieurs soldats, tombèrent en notre pouvoir ; en outre on s'empara de plusieurs chevaux et de dix-huit mulets chargés de munitions. Cette affaire ne coûta la vie à aucun républicain.

Quelque joie que dût répandre parmi les troupes un succès si glorieux, un sentiment de douleur s'empara de tous les cœurs à l'aspect des ruines de la Fonderie, de tant de maisons en cendres, de tant de troupeaux massacrés. Le ravage avait été poussé jusqu'à trois quarts-de-lieue de Baygorry. Ainsi ces malheureux habitans expiaient l'incendie de Lussaïde. On trouva à la Fonderie le corps de Lamarque, que l'ennemi avait respecté; il fut inhumé avec les honneurs de la guerre.

Desolimes, à la nouvelle de l'action, était revenu sur ses pas avec tout son bataillon; il se joignit aux troupes victorieuses à Iraméhaca, et les Espagnols furent poursuivis pendant toute la nuit. Combattre, courir la montagne, bivouaquer, telle fut l'occupation de cette partie de la division depuis le 3 jusqu'au 6 juin.

Ce n'était cependant qu'une diversion que cette attaque de l'ennemi; ses projets étaient depuis longtems fixés sur le camp de Château-Pignon, parce qu'il voulait surtout s'assurer la possession du seul chemin praticable pour l'artillerie. Dès le 13 mai, le général en chef Caro était arrivé dans la vallée de Roncevaux avec un renfort de quatre mille hommes. Les brouillards épais qui couvraient les montagnes avaient retardé l'exécution de ses desseins. En attendant il s'occupa à recueillir des renseignemens sur la position des Français. Ils offraient, dans le camp de Château-Pignon, un spectacle de division et d'indiscipline qui ne leur présageait que des revers. Le commandant, un de ces hommes populaciers que la révolution avait tiré de l'ignominie, dont tout le mérite résidait dans l'audace et l'art des délations, donnait à tout une impulsion désorganisatrice, décriant les généraux, semant la terreur des trahisons, poussant devant des soldats inaguerris, des soupirs hypocrites sur les souffrances qu'ils enduraient dans un camp mal-sain, sous un ciel toujours chargé de brumes épaisses.

Trop fier pour obéir à un chef aussi méprisable, le capitaine Moncey avait formé de l'avant-garde un corps séparé, comme s'il eût craint une contagion. Il occupait la hauteur de Lizerateca et le rocher de Urdenharria, qui commande le grand chemin. Le général Lagenetière, avec de très-bonnes intentions, n'avait point un caractère assez ferme pour rallier à une direction commune des esprits inconciliables.

Dans cet état de choses, où les chefs ne voulaient point de rapprochement, où le chef principal n'osait l'ordonner, on crut que la meilleure mesure à prendre était de fortifier les postes avancés par quelques ouvrages. Le 5 juin, les travailleurs s'y rendirent, dans l'objet de commencer une coupure profonde sur le grand chemin, qui devait rendre plus difficile l'abord de Lizerateca; mais l'ennemi les força de se retirer.

Le 6 juin, à neuf heures du matin, commença une des actions les plus sanglantes de cette guerre, entre notre avant-garde, forte de quinze cents hommes, et l'armée espagnole, qui comptait huit mille soldats de ligne, deux cents chevaux et une artillerie formidable; dix bataillons de milice veillaient en outre à la sûreté des fabriques d'Euguy et d'Orbaïcet. Le poste d'Urdenharria fut attaqué avec vigueur par les troupes légères espagnoles : Moncey accourt avec ses braves chasseurs, il fond sur l'ennemi, le renverse, pénètre sur le grand chemin jusqu'auprès de la montagne de Mendibelza ; là, il trouve un corps de troupes escortant six pièces d'artillerie de campagne ; en un moment tout est tué ou mis en fuite, et les canons encloués. Cependant le brouillard qui couvrait les montagnes s'étant dissipé, les Espagnols s'aperçurent du petit nombre d'hommes qu'ils avaient à combattre : protégés par une batterie de deux canons de douze, deux de huit et deux obusiers, ils firent avancer leurs troupes légères en bon ordre, tandis que les première et deuxième lignes se déployaient à droite et à gauche pour effectuer l'investissement des chasseurs : ceux-ci durent alors abandonner les canons tombés en leurs mains, et se retirer vers le camp d'où ils attendaient de puissans secours : mais les bataillons, effrayés par la chûte des obus, arme qui leur était inconnue, et surtout par la retraite des chasseurs, ne se montrèrent que pour répandre le désordre et la fuite. On abandonna promptement une seconde position qu'on avait prise.

Les Espagnols y placèrent leurs batteries et, faisant attaquer le camp de Château-Pignon à la gauche par leurs troupes légères, et de front par leur première ligne, ils vainquirent la résistance de quelques troupes, qui s'y défendaient encore sous la protection du feu de Château-Pignon. Deux escadrons du régiment de la Reine achevèrent à deux heures de dissiper tout ce qui s'y trouvait; le général Lagenetière, accouru de Jean-Pié-de-Port, désolé, éperdu, tomba au milieu de cette cavalerie; il rendit son épée au capitaine D. Francisco Vasquez. On l'accusa dans ce tems d'avoir émigré, parce qu'il était général et malheureux.

Notre perte s'éleva à quatre-vingts morts et à trois cents blessés; on porta celle des Espagnols à plus de quinze cents hommes mis hors de combat. Ils s'emparèrent à Château-Pignon de deux canons, d'un pierrier et de onze caissons, ainsi que de la plus grande partie des tentes du camp.

Pendant

Pendant que nous éprouvions cet échec, Désolimes opérait une invasion dans la vallée de Baztan; cet officier apprit l'évènement de Château-Pignon auprès d'Errazu. Il crut devoir alors revenir sur ses pas; inquiété vivement dans sa retraite, il fit de si violens efforts de fatigue sous un soleil brûlant, qu'il tomba mort au pied d'un arbre, sans recevoir le secours d'aucun de ses camarades qui le chérissaient, mais que la peur précipitait vers des lieux moins exposés. Ce corps de troupes gagna Jean-Pié-de-Port par la vallée d'Ossez, dans la crainte que l'ennemi ne se fût emparé de Lasse et d'Anhaux, et n'eût coupé la communication de Baygorry avec Jean-Pié-de-Port.

Les troupes s'accumulèrent dans cette dernière place au milieu de la plus horrible confusion; l'épouvante glaçait les esprits, et tout semblait désespéré; mais lorsqu'on sut que les Espagnols, après leur victoire, s'étaient arrêtés à la *Venta d'Orisson*, que même ils n'avaient fait aucune tentative sur Baygorry, abandonné à la défense de ses habitans et de ses compagnies franches, des remords cruels succédèrent à de lâches

D

craintes; on regrettait, on se reprochait le sort de tant de chasseurs si indignement sacrifiés. L'arrivée de cinq bataillons détachés du camp de Bidart, d'une foule de citoyens accourus des contrées voisines, acheva d'enflammer tous les cœurs d'espoir et de vengeance; on demandait hautement à retourner à l'ennemi. Dubouquet, nouveau général, n'était point facile à entraîner dans des conseils imprudens; il échauffa la confiance des troupes tant qu'il craignit une attaque de la part des Espagnols, campés à Château-Pignon. Après leur retraite, qui eut lieu le 18 juin, il ne reprit aucune position éloignée, et fidèle aux leçons de l'expérience, qui lui avait appris que l'ordre et la discipline sont la source certaine des succès, il s'appliqua sans relâche à rétablir l'esprit militaire, à former des soldats par le travail et par une instruction assidue : aidé des lumières de l'ingénieur Laffitte, il exécuta autour de Jean-Pié-de-Port un système de défense, qui portait l'empreinte de son caractère plein de méthode et de sagesse.

CHAPITRE II.

Les Espagnols chassés au delà de la Bidassoa; un détachement de chasseurs de montagnes enveloppé; défaite des Espagnols à la Croix-des-Bouquets; Garrau et Féraud, représentans du peuple; enlèvement de plusieurs postes espagnols du côté de Jean-Pié-de-Port; vaines tentatives des Français contre Biriatu; mouvement de la division du centre; Pinet aîné, Monestier (du Puy-de-Dôme,) et Cavaignac, nouveaux représentans.

LE général Servan, rassuré désormais sur la partie gauche de l'armée, jaloux pour l'intérêt de sa gloire et de sa sûreté personnelle d'effacer par quelqu'exploit cette suite non interrompue de disgraces; d'ailleurs comptant alors sous ses ordres des bataillons plus nombreux et mieux exercés, Servan, résolut de frapper les Espagnols d'un coup sûr et brillant. L'occasion s'offrait d'elle-même. Après l'évacuation de Hendaye, l'ennemi avait transporté de l'autre côté de la Bidassoa, tous les effets qui s'y étaient trouvés, et en avait détruit de fond en comble les fortifications; il avait jeté en outre sur notre territoire plusieurs petits camps, qui s'étendaient le long de la mer et sur la montagne de Louis XIV. Ces petits camps, séparés du grand corps d'armée par la Bidassoa, étaient faciles à enlever par une attaque vive, qui ne devait pas laisser le tems de faire arriver des secours de l'autre rive. En conséquence, le 22 juin à la pointe du jour, quinze cents hommes se mirent en marche avec quatre pièces d'artillerie. Les Espagnols, au nombre de six cents, furent surpris et abandonnèrent leurs camps avec la plus grande précipitation. Ils se réfugièrent dans des ouvrages construits sur la cime de la montagne, dite de Louis XIV; d'où ils semblaient vouloir opposer quelque résistance; le feu de nos canons et l'approche d'un détachement du 18e régiment de dragons, à la tête desquels était l'adjudant-général Darnaudat, les déterminèrent à une prompte fuite. On les poursuivit jusqu'aux bords de la Bidassoa, et nous n'effectuâmes la retraite qu'après avoir été exposés pendant plus de deux heures au feu de toutes leurs batteries, qui nous tuèrent ou blessèrent trente hommes.

On dirait difficilement à quel point cet évènement, peu considérable en lui-même, releva le courage et la confiance de l'armée. C'était, dans la partie droite, le premier avantage remporté ; le spectacle de quelques Espagnols prisonniers, la fuite des autres, notre marche rapide jusqu'aux bords de la Bidassoa et sur les ruines de Hendaye, la prise des camps, et surtout l'idée exaltante de l'expulsion des ennemis hors du territoire de la République ; tout en un mot contribua à répandre à nos yeux de l'éclat sur cette journée.

Outre quatorze hommes faits prisonniers, les Espagnols eurent trente-trois hommes mis hors de combat, suivant leurs relations.

Peu de tems après cette expédition, Servan fut destitué et conduit à Paris. Son ancien ministère lui avait fait des ennemis; et tout le monde sait que dans la lutte affreuse des passions qui ébranlait alors la République, le mérite était méconnu, les services oubliés, et que la chaleur de l'esprit du jour semblait vouloir consumer tous les monumens et tous les hommes qui avaient jeté quelqu'éclat. Delbecq remplaça Servan. Labourdonnaye, si connu par ses querelles avec Dumourier, et dont le maintien froid et retiré a peu laissé transpirer le caractère, prit le commandement de la division de droite.

Le général de brigade Willot, commandant l'avant-garde, s'occupait alors à faire percer dans tout le terrain, qui s'étend depuis Ciboure jusqu'à la Bidassoa, des chemins et des communications d'une pratique sûre et bien entendue. Les Espagnols, qui de leur côté travaillaient à construire sur la rivière de Bidassoa un pont de bateaux, inquiétés chaque jour par les chasseurs de montagnes, premier bataillon, firent protéger leurs travailleurs par de forts détachemens. Les chasseurs continuèrent leurs mouvemens; et, le 4 juillet, deux compagnies s'étant laissées emporter par une poursuite trop vive, furent enveloppées. Elles se défendirent longtems avec beaucoup de vigueur jusqu'à ce qu'enfin trente hommes ayant été étendus morts, le reste, au nombre de trente-un, fut fait prisonnier. Le 13 du même mois, les Espagnols se montrèrent à la gauche d'Urrugne: les grenadiers qui défendaient cette partie, sous les ordres de Latour-d'Auvergne, les forcèrent à une prompte retraite. Quatre compagnies attaquèrent dans l'église de Biriatu un gros détachement d'ennemis qui s'y était réfugié : ni la résistance vive qu'opposaient les Espagnols, ni l'avantage que leur donnait une enceinte percée de créneaux, et la protection de leurs batteries, ni l'excessive chaleur du jour, ne pouvaient rebuter l'opiniâtre fureur des grenadiers. Latour-d'Auvergne, une hache à la main, faisait de vains efforts pour briser les portes épaisses de l'église. Enfin, aux approches de la nuit, et après une perte d'environ vingt hommes, l'entreprise fut abandonnée.

Depuis ces deux évènemens, les Espagnols paraissaient chaque jour sur la Croix-des-Bouquets, et sur les collines qui sont à la droite et à la gauche; leur dessein était d'attirer ainsi des détachemens imprudens loin du reste de l'armée. Dans ce pays extrêmement rompu, semé de collines, de ravins et de sentiers couverts, les embûches étaient faciles à tendre, et les plus légères saillies de courage devenaient funestes.

Le 23 juillet, quatre mille hommes d'infanterie et quatre cents dragons sortirent des camps d'Irun et se présentèrent sur les hauteurs en avant d'Urrugne. Les Français s'avancèrent de toutes parts. Un détachement de grenadiers s'étant porté un peu en avant, les Espagnols crurent l'occasion favorable pour les cerner, et descendirent vers eux avec précipitation : arrêtés par les chasseurs du cinquième bataillon d'infanterie légère et par les grenadiers, ils s'ébranlaient déjà pour effectuer leur retraite, lorsque quatre-vingts dragons du dix-huitième régiment et quelques gendarmes fondirent sur eux avec impétuosité, changèrent leur retraite en fuite, et coupèrent ainsi une partie du régiment de Léon.

Le maréchal de camp Rousignac, le lieutenant-colonel du régiment de Léon, douze officiers et cent quatre-vingt-treize soldats tombèrent entre nos mains; plus de soixante furent tués ou blessés. Le commandant-général de l'armée Espagnole, Don Ventura Caro, qui se trouvait dans l'action, n'échappa qu'avec une peine infinie aux poursuites des Français.

A cette époque, l'armée française s'étendant depuis la vallée d'Aran jusqu'à Hendaye, était forte de trente-quatre bataillons et de quelques compagnies de chasseurs faisant environ 28 mille hommes d'infanterie, d'environ sept cents hommes de cavalerie et de quinze cents canoniers. L'artillerie n'avait guère que des pièces de quatre, de huit et de douze en fonte, et quelques-unes de dix-huit en fer. Quatre mille chevaux ou mulets étaient employés aux divers services de l'armée. De bons officiers se formaient en silence dans cette guerre continuelle de postes, et par les exemples des Moncey, Latour-d'Auvergne, Willot, etc. L'organisation administrative créée dans l'armée par le commissaire-ordonnateur

Dubreton, avait pris une forme respectable, et malgré l'inexpérience des premiers agens, nulle part la République n'essuya moins de pertes dans ses approvisionnemens, moins de dissipations dans ses deniers, moins de profusions dans ses dépenses.

Les représentans du peuple établissaient alors leur puissance dans la partie militaire; Féraud était à Jean-Pié-de-Port, Garrau vint à Jean-de-Luz. Le tems où ces deux hommes restèrent seuls dans l'armée, fut une époque heureuse pour ces frontières : tous deux avaient des inclinations pures ; Garrau, exalté de très-bonne foi, et jaloux à l'excès de sa renommée de montagnard, ne fut cependant jamais persécuteur.

L'humeur active et belliqueuse de ces deux représentans mit bientôt en mouvement toute l'armée. A la gauche, la position des troupes et leur faible nombre réduisirent toutes les opérations à des coups de main qui devaient naturellement être favorables aux Français, resserrés dans un petit espace, et maîtres de choisir tous les points d'attaque.

L'ennemi occupait avec cent hommes le

poste d'Iroulepe sur les montagnes de Lussaïde et à deux lieues du gros de l'armée. Ce poste fut attaqué de front du côté des montagnes qui dominent Arnéguy; un autre corps, parti de Baygorry, lui ferma le chemin des Aldudes; plusieurs hommes furent tués, et trente pris avec leur commandant.

Le 17 juillet, quatre-vingts grenadiers du régiment de Léon et le lieutenant-colonel Loustaunau furent enlevés au col d'Ispéguy : tandis qu'ils étaient attaqués par le grand chemin, on les avait enveloppés par les cols d'Elorietta et de Bustancelay.

Le 7 août, le général de brigade Delalain marcha sur les Aldudes avec dix-huit cents hommes : Dubouquet, pour détourner l'attention des ennemis, menaça la fonderie d'Orbaïcet. Cette expédition n'eut d'autre résultat que de faire brûler sept maisons au village des Aldudes, d'où les habitans avaient fui, appréhendant l'indignation française et l'inévitable châtiment qui leur était réservé.

Enfin, pendant l'hiver, on chassa les Espagnols du pied de la montagne d'Ibaguet, le seul poste avancé qui eût été jusques-là préservé d'une surprise. Dix-huit cents hommes furent cantonnés à Arnéguy, pour protéger l'exploitation d'un bois considérable dans le Val-Carlos.

Ces diverses incursions aguerrirent les troupes, et achevèrent de convaincre les hommes un peu clair-voyans que le parti qu'on avait pris de resserrer nos positions, était le plus conforme aux règles de la prudence.

Du côté de Jean-de-Luz, on se préparait à des évènemens plus importans. Après l'affaire du 13 juillet, auprès de Biriatu, les Espagnols, sentant l'importance de ce poste, dont la possession leur ouvrait une entrée facile sur le territoire français, et les rendait maîtres des deux rives de la Bidassoa, en avaient fait une forteresse redoutable, couverte de retranchemens et garnie de canons; ils occupaient en outre pendant le jour toutes les collines situées entre la Croix-des-Bouquets et Irun : le feu de leurs batteries assurait toutes ces positions. Le général Desprez-Crassier, qui avait remplacé, dans le commandement de la division, Labourdonnay, mort aux eaux de Dax, et provisoirement dans les fonctions de chef de l'armée, Delbecq, mort à Jean-de-Luz; Desprez-Crassier, homme brusque et tenant à ses idées, fut dès les premiers jours de son arrivée environné de projets et de plans d'attaque conçus dans le cabinet du représentant. Sa franchise rude et fière accueillit d'abord peu favorablement toutes ces productions irrégulières : des insinuations plus directes lui firent sentir le danger de rester dans l'inaction ou même de ne point suivre le fil qu'on lui mettait dans les mains. Il prit donc la résolution d'attaquer les ennemis, et cependant il joignit aux instructions reçues quelques dispositions qui les modifiaient et qu'il puisa dans les conseils des meilleurs officiers de l'armée. Le plan était de surprendre Biriatu ; et si l'entreprise réussissait, de poursuivre l'ennemi avec vivacité, de passer la rivière pêle-mêle avec lui, et de détruire toutes les batteries situées au delà de la Bidassoa ; on s'attendait aux plus heureux résultats, et l'espérance de la victoire étincelait dans tous les yeux. Jamais il n'y eut cependant d'affaire moins propre à décider des destinées de deux armées. On s'avança pendant la nuit du 29 au 30 août vers les bords de la Bidassoa ; un coup de canon donna le signal de l'attaque et celui de la défense ; le combat s'évanouit en escarmouches ; et les Espagnols suivirent nos troupes dans leur retraite, mettant le feu à quelques maisons et insultant notre arrière-garde. La perte de part et d'autre, tant en tués qu'en blessés, ne monta qu'à environ soixante hommes.

Ces grandes espérances trompées, ce sang répandu sans fruit, cette retraite ignominieuse et surtout ce coup de canon tiré avant l'heure convenue, fournirent des armes terribles à tout ce que l'armée possédait d'hommes brouillons et ambitieux, et servirent de prétexte plausible, lors de l'arrivée des nouveaux représentans, à l'arrestation de Desprez-Crassier, de Willot et de plusieurs autres officiers.

Le 7 septembre, la division du centre qui occupait St-Pée et Ainhoüe, attaqua les Espagnols dans les positions de Zugarramurdy et Urdax, petits villages situés en deçà des montagnes. Cette expédition eût été insignifiante si le pillage et l'incendie ne l'eussent rendue affreuse. Le caractère français aigri et tourmenté de toutes les manières était méconnaissable ; les principes d'Hébert, alors applaudis et mis en pratique, plongeaient la multitude aveugle dans tous les désordres de la licence et de l'immoralité. Du sein des sociétés de Bayonne, de Jean-de-Luz, et de St.-Pée, des hommes dévoués aux maximes du tems soufflaient dans l'armée des poisons, dont la violence corrompait les idées les plus saines de la raison, suffoquait les sentimens généreux jusqu'à ce sentiment de la nature, qui se repose avec un si doux intérêt sur l'innocence et l'infortune. Heureux qui, dans cette époque de crimes et de calamités, pratiqua la vertu, fut fidèle à l'amitié ! S'il vit encore, cet homme est un ami sincère, un citoyen vertueux; il a passé par les plus rudes épreuves qui aient jamais existé sur la terre.

Nous ne dirons qu'un mot d'une vive escarmouche qui eut lieu le 22 septembre, sur les hauteurs voisines de la montagne du Commissary. Les chasseurs sous les ordres de Willot, s'avancèrent bien avant sans être suffisamment soutenus, et peut-être ils eussent été enveloppés, si un détachement de la 148e. demi-brigade sous les ordres du capitaine Miolis n'était venu les dégager.

Monestier (du Puy du Dôme) (1) et Pinet vinrent à cette époque relever Garrau dans ses fonctions. Cavaignac les joignit peu de tems après. Ces représentans s'emparèrent de presque toute l'autorité dans l'armée, et parvinrent, en faisant usage il est vrai des moyens terribles consacrés par le code révolutionnaire, à mettre de notre côté la supériorité du nombre, et tous les avantages de la guerre offensive.

---

(1) Monestier ne resta que peu de tems à l'armée; il s'établit à Pau, et partit pour Paris avant ses deux collègues.

CHAPITRE

CHAPITRE III.

Muller, nouveau général en chef; établissement des Français au camp des Sans-Culottes; activité de Latour-d'Auvergne; position du centre de l'armée. Incendie des villages d'Urdax et de plusieurs maisons de Zugarramurdy; considération sur cette 1re. campagne.

LE général Muller fut substitué à Desprez-Crassier dans le commandement de l'armée, et bientôt Frégeville vint sous ses ordres prendre la direction de la division de droite. Les renforts considérables arrivés sur la frontière, soit en recrues de la levée en masse, soit en nouveaux bataillons, inspirèrent à tous le desir d'une guerre offensive. Cependant les approches de l'hiver, le besoin d'exercer et d'aguerrir les nouveaux soldats ne permettaient point de songer à des entreprises trop étendues, et l'on était enfin dégoûté de ces petites at-

E

taques sans objet, après lesquelles on s'était trouvé au même point qu'auparavant. La résolution fut prise de s'établir dans une position avantageuse et beaucoup moins distante de la rivière de Bidassoa, afin de laisser aux ennemis le moins d'espace possible pour faire des incursions sur notre territoire, et en même tems afin de faciliter nos opérations au printems. Trois bataillons vinrent se placer pendant la nuit du 10 au 11 novembre sur la colline, où était autrefois l'hermitage Ste.-Anne, à seize cents toises de la Bidassoa. On appela cette position le camp des Sans-Culottes. Il domine par la droite tout le terrain qui s'étend jusqu'à la mer, et sa gauche est défendue par un ravin profond; ses communications étaient d'ailleurs assurées par les derrières avec Jean-de-Luz, dont il n'était distant que d'une lieue et demie. Au point du jour, l'étonnement des Espagnols fut extrême lorsqu'ils aperçurent presque sous leurs yeux ces tentes nouvelles dont les premiers rayons du soleil relevaient la blancheur: et soit effet de cette surprise mêlée de terreur, soit circonspection pusillanime, ils n'osèrent inquiéter les travaux immenses qui furent faits pour fortifier et consolider cet établissement nouveau. En peu de tems des redoutes formidables protégèrent le camp français, et des baraques en bois remplacèrent les tentes dont l'hiver rendait l'abri presque vain ; on croyait voir une ville nouvelle. Latour-d'Auvergne, qui déja avait prouvé l'excellence de cette position, en s'y maintenant près de deux mois avec quelques compagnies, occupait alors la droite le long de la mer. Ses mouvemens continuels, son maintien toujours menaçant, ses chicanes de parti, cet art de la petite guerre enfin qu'il possédait éminemment, tenaient les Espagnols dans des alarmes chaque jour renaissantes qui ne contribuèrent pas peu à les détourner de toute entreprise sérieuse.

Le centre de l'armée ne fit que des mouvemens peu importans après l'affaire de Sare. Il prit position au mois de mai à St.-Pée et à Ourgury, sur les deux bords de la Nivelle, sa droite s'étendant jusqu'à Ascain. En août, un bataillon occupa Ainhoüe. Cette division ne fut jamais portée au delà de six mille hommes : c'était assurément une force surabondante dans un pays d'une communication difficile, et qui formait comme le fond d'un croissant dont les ailes étaient garnies par les autres divisions. Une attaque sur cette partie aurait trop compromis l'ennemi, devenu inférieur en nombre : il sentit très-bien ces difficultés, et même il abandonna de bonne heure la défense des villages situés en deçà des montagnes. Les Espagnols, si attentifs à se fortifier sur tous les autres points, ne défendirent jamais par des ouvrages les approches du col de Maya, dont l'occupation ouvrait l'entrée de la vallée del Baztan. Sans doute ils crurent que le fort de Maya était un boulevard suffisant contre les entreprises des Français, et cela fut vrai tant que ceux-ci n'eurent pas une grande supériorité : depuis, des inquiétudes trop vives et trop pressantes enchaînèrent ailleurs toute attention de l'ennemi.

Dans cette partie, les Français brûlèrent le village d'Urdax et une partie de celui de Zugarramurdy.

De pareils exploits militaires ne méritent pas d'occuper la plume d'un écrivain, et nous avons déja dit à ce sujet tout ce que nous devions en dire.

En réunissant les résultats de cette campagne nous voyons que l'avantage en est resté aux Espagnols. Ils ont détruit le fort de Hendaye, et sont maîtres de tout le cours de la Bidassoa. Le sommet des montagnes est couvert de leurs soldats et de leurs retranchemens, et ils occupent tous les postes favorables à une défense opiniâtre.

La cause de cette supériorité des Espagnols se trouve naturellement dans le soin qu'ils ont eu d'être prêts aux combats avant les Français.

D'un autre côté, si on envisage la nature de ces succès, on est étonné qu'ils aient eu un terme si borné. Hendaye n'est point enlevé par la force; mais évacué; après l'affaire de Château-Pignon, l'attaque de Jean-Pié-de-port n'est pas même tentée. Au sein de la victoire les Espagnols semblent redoubler de circonspection. Quoique leurs forces, et même un intérêt bien entendu, ne leur permissent pas des mouvemens trop étendus, il est cependant hors de doute qu'un peu plus d'audace eût mieux affermi leur défensive ; car, dans ce genre de guerre, il ne suffit pas de se conserver de bonnes positions, il faut aussi, quand on le peut, n'en laisser que de mauvaises à l'ennemi.

Au reste, nous pensons qu'à l'exception de quelques démarches timides, la conduite des Espagnols, pendant cette campagne, a été infiniment sage : mesurant leurs desseins sur leurs forces, ils ont su de ce côté se préserver de l'illusion des conquêtes, et laisser à leur armée de Catalogne tout ce qui pouvait favoriser la plus brillante offensive. Les Français ont suivi dans la suite un système différent, et n'ont pas eu lieu de s'en applaudir. On doit se rappeler en effet qu'après des efforts inouis de courage, les deux armées des Pyrénées n'avaient en Espagne qu'une position mal assurée, et qu'une plus longue guerre allait peut-être les replacer dans une humiliante défensive.

DEUXIÈME CAMPAGNE

1794.

CHAPITRE IV.

Départ de huit mille hommes pour les armées des Pyrénées orientales et de l'ouest ; journée du 17 pluviôse ; les Espagnols sont repoussés ; la division du centre est peu inquiétée ; celle de gauche repousse les Espagnols le 6 floréal ; expédition d'Irati.

L'HIVER de 1794 (v. st.) fut fort doux sur ces frontières, et n'interrompit point les escarmouches vives que le rapprochement des deux armées devait occasionner.

Au commencement du mois de pluviôse, deux demi-brigades, la 39ᵉ. et la 147ᵉ., ainsi que le demi-bataillon Nº. 8 de la Gironde (1), partirent pour l'armée des

___

(1) L'autre demi-bataillon était déja dans la vallée d'Aure.

Pyrénées orientales, d'après les ordres du comité de salut public; le 4⁰. bataillon de Lot et Garonne, et un bataillon formé de diverses compagnies de chasseurs, se mirent également en marche pour l'armée de l'Ouest. Ces corps furent complétés avant leur départ, et l'armée se trouva ainsi diminuée d'environ huit mille hommes.

Du côté de Jean-de-Luz, on fit pendant deux mois et demi, des travaux solidement appuyés qui étendaient peu-à-peu les positions des Français, et resserraient celles que les ennemis occupaient sur notre territoire. Enfin, après de longues irrésolutions, ces derniers se déterminèrent à tenter une attaque générale qui pût assurer une plus grande liberté à leurs mouvemens.

A la pointe du jour, le 17 pluviôse (5 février 1794 v. s.) trois colonnes ennemies, fortes ensemble de treize mille hommes d'infanterie et de sept cents chevaux avec une nombreuse artillerie, débouchant par le chemin qui conduit de Vera au Calvaire, par celui de la Croix-des-Bouquets, et par Hendaye, envahirent en un moment toutes les positions qui s'étendent depuis le Calvaire jusqu'à la Bidassoa, ainsi que la Croix-des-Bouquets, d'où leur artillerie foudroya le camp des Sans-Culottes. Ce mouvement brusque et bien combiné jeta un moment le désordre dans l'armée française, et la droite risquait d'être enveloppée, si deux fautes graves que firent les Espagnols n'avaient arraché la victoire de leurs mains. Le général Urrutia, maître de la montagne du Calvaire, y resta stationnaire : s'il se fût porté de là avec rapidité sur Urrugne, il eût rompu facilement la ligne française, sur ce point entièrement dégarnie ; il eût ainsi assuré le succès de l'attaque du centre contre la redoute dite de la Liberté, dont la prise ouvrait les derrières du camp des Sans-Culottes. La seconde faute fut le peu d'obstination que mit la colonne du centre dans son agression ; il est probable que la redoute de la Liberté aurait été emportée.

Nous devons dire cependant que les Français déployèrent une valeur admirable. Au sein des calamités profondes qui désolaient la république, les ames étaient tendues de désespoir ou d'exaltation, et l'on vit sans étonnement des bataillons naissans, et remplis d'une jeunesse efféminée, disputer d'audace et de fermeté avec les corps les plus aguerris.

Après un combat de sept heures, les Espagnols effectuèrent leur retraite en bon ordre, et les Français rentrèrent dans toutes leurs positions. La perte monta des deux côtés à deux cents morts et huit cents blessés, dont les deux tiers de l'armée espagnole. On peut se faire une idée de la vivacité du feu dans cette action, par le nombre de coups de canon tirés de la part des ennemis, qui le font monter à trois mille huit cents quatre-vingt-quatre.

Le chef de brigade d'artillerie Lespinasse avait conçu en grande partie le plan de défense du camp des Sans-Culottes : les représentans du peuple l'élevèrent au grade de général de brigade.

Cette violente éruption mit de plus en plus sur ses gardes le général Frégeville. Les points faibles furent garnis de nouveaux retranchemens, les postes renforcés, la surveillance la plus rigide ordonnée. Aucun mouvement considérable de l'ennemi ne troubla pendant longtems la tranquillité de cette partie de la frontière.

Cette époque fut signalée par une guerre d'un autre genre, celle de l'ambition et de l'intrigue. On conçoit bien que les représentans du peuple avaient des flatteurs, et par conséquent des favoris. D'un autre côté, divers personnages avaient cherché dans le comité de salut public des protecteurs capables de contrebalancer la puissance jalouse qui menaçait de les renverser. De là des combats sourds, quelquefois des scènes violentes, et enfin des destitutions. Tour-à-tour les deux partis se heurtèrent, tour-à-tour chacun perdit et recouvra son emploi : mais, ainsi qu'il arrive d'ordinaire, la victoire resta à l'autorité qui combattait en personne, et presque tout ce qui faisait ombrage aux représentans fut éloigné de l'armée.

Nous savons avec quel faible intérêt on lit le récit de ces petits évènemens de guerre, qui n'offrent pour résultat que quelques hommes mis hors de combat ou quelques points ignorés pris ou perdus. Aussi ne nous arrêtons-nous point sur ce qui se passa les 17 germinal et 29 floréal du côté de Hendaye et du rocher, aucun résultat du plus médiocre intérêt n'ayant signalé ces deux journées.

La division du centre fut peu inquiétée. Le 17 pluviôse, les Espagnols se montrèrent du côté de Sare et d'Ascain, mais ce n'était évidemment qu'un mouvement simulé pour détourner l'attention des Français de la partie droite, où s'effectuait la véritable attaque. Ils incendièrent cependant une trentaine de maisons dans le village de Sare. Tout ce qui se passa dans la suite n'est point digne d'être rapporté : c'étaient des escarmouches quelquefois assez vives, mais sans aucun avantage décidé et sans objet essentiel.

Au commencement de prairial, on forma un camp sur la hauteur de Menta, qui domine le village de Sare. Le général de division Delaborde avait sous ses ordres les généraux de brigade Castelvert et Cambray ; le premier, officier vigilant plein de franchise et d'honneur était à Ainhoüe, le second à Ascain.

Nous passerons immédiatement aux évènemens qui ont eu lieu dans la partie gauche pendant les premiers mois de cette campagne.

C'était le tems où les généraux éprouvaient des changemens rapides et continuels. Tels étaient assis aux premiers rangs qui descendaient bientôt dans la condition la plus obscure. La roue de la fortune tournait plus favorablement pour d'autres. Dubouquet, sorti d'un sang autrefois *noble*, fut dépouillé de son commandement, mais il partit honorablement avec l'espoir d'une retraite et l'estime de toute l'armée.

Delalain lui succéda : la seule opération militaire de ce général fut une reconnaissance générale faite le 16 germinal, par laquelle on apprit que les montagnes étaient encore peu praticables et que cependant les Espagnols avaient conservé les redoutes construites l'année précédente sur des cimes élevées, entr'autres sur celle d'Altobiscar, que les brouillards rendent presqu'inhabitable en tout tems.

Après que Delalain fut destitué, Mauco, devenu général de division, prit le commandement : la division renfermait alors dix mille hommes.

Le lendemain de l'installation du général Mauco, le 6 floréal, les ennemis firent un mouvement général. Il paraît, d'après les relations espagnoles, que l'unique but de cette expédition était d'incendier les habitations situées aux environs de Jean-Pié-de-Port, et surtout de Baygorry, dont les habitans s'étaient attirés la haine la plus furieuse par leur attachement à la République, par leur activité invincible dans les combats. Le général en chef Caro assistait à cette expédition; sa colonne principale, après avoir enlevé le poste avancé dans la gorge de St.-Michel, et occupé les hauteurs de ce village pour couper la communication d'Arnéguy avec Jean-Pié-de-Port, descendit par le grand chemin jusqu'à la moitié de la montagne d'Orisson traînant deux pièces de canon et deux obusiers. Les troupes françaises ne permirent pas à cette colonne de s'étendre davantage, et on la chassa successivement des hauteurs de St.-Michel et de la montagne d'Orisson; mais sans l'entamer, sans troubler l'ordre de sa retraite.

Un second corps ennemi pénétra par Lussaïde, dans le dessein d'envelopper quatre compagnies de chasseurs Basques, cantonnées à Arnéguy. Ces chasseurs étaient mal sur leurs gardes, et reposaient sans défiance, lorsque l'ennemi était déja vis-à-vis d'eux de l'autre côté du ruisseau l'Aïri. Réveillés par un paysan qui aperçut les Espagnols, ils durent leur salut à leur extrême agilité; malgré le feu de l'ennemi, ils parvinrent à se sauver avec une partie des habitans d'Arnéguy sur le sommet d'une montagne, au delà du ruisseau. Le village d'Arnéguy fut livré aux flammes. D'autres troupes sorties des Aldudes commirent les mêmes ravages dans les hameaux de Baygorry.

Le calme profond qui succéda à cet orage passager, inspira au général Mauco le desir de satisfaire l'ardeur des troupes par une entreprise audacieuse et funeste aux ennemis.

Sur les bords de l'Irati, au milieu d'une vaste forêt, s'élevait un établissement formé, il y avait peu de tems, par les Espagnols, pour la préparation des bois et mâtures de leur marine : Mauco résolut de le détruire. Quinze cents hommes se mirent en marche de Lecumberry, le 19 floréal, avec deux pierriers portés par des hommes, les chemins n'étant point praticables pour les chevaux. Après une marche de quatorze heures, à travers les montagnes et dans des sentiers d'une aspérité effrayante, on parvint, le 20, de bonne heure, à l'établissement d'Irati. Il était protégé par une maison crénelée, où s'étaient réfugiés quelques soldats et les ouvriers. Les Français franchirent la rivière à gué d'un côté, et de l'autre sur un pont, sous le feu du fort, qui leur tua quelques hommes, entr'autres le commandant de l'expédition, le jeune et téméraire Dupeyroux. Toutes les bâtisses au delà du ruisseau furent livrées aux flammes, ainsi que les chantiers qui étaient en deçà; le toit du fort commençait même à s'embrâser, lorsque le vent cessa tout-à-coup. Malgré ce contre-tems, et quoique l'on manquât d'instrumens pour briser les portes, la fureur des troupes était si grande, que, pendant cinq heures entières,

res, elles restèrent exposées à la fusillade du fort, criblant de balles les fenêtres et s'armant de tout pour frapper des murailles immobiles. Ce ne fut qu'avec une peine extrême qu'on les détermina à la retraite. Vingt hommes furent tués; les blessés restèrent sur le champ de bataille au nombre de vingt, leur transport étant impossible dans des chemins aussi rudes. Telle fut l'issue de cette expédition, qui, conduite avec plus de prudence, eut produit d'autres résultats.

CHAPITRE V.

Préparatifs pour effectuer l'entrée en Espagne; impatience des troupes et des représentans du peuple; combats à Berdaritz, à Ispéguy, et occupation de ces postes, ainsi que des cols Maya et Harriet par les Français; journée du 28 prairial; défaite des Espagnols le 5 messidor; placement de la division de gauche; Caro, général en chef espagnol, quitte le commandement; Colomera, nouveau général; les émigrés surpris et dispersés dans leur camp d'Arquinzu.

La victoire marchait de toutes parts devant les Français : ce peuple dans sa furie semblait prêt à dompter l'Europe entière conjurée contre lui : en vain on lui opposait les généraux les plus expérimentés, les armées les plus nombreuses et les plus aguerries, des remparts inexpugnables; en vain on allumait dans son sein les plus sanglantes dissentions, ses jeunes soldats, sous des chefs autrefois inconnus, exterminaient tout ce qui osait leur résister, et soumettaient à leurs épées victorieuses de riches et puissantes provinces. Ce sera pour la postérité un éternel sujet d'admiration, que cette guerre si inégale dans son origine, si variée dans ses évènemens, si étonnante dans son issue. Que des monumens sans nombre consacrent le souvenir de ces faits glorieux, que les beaux-arts en enrichissent les temples et les édifices publics, on ne croira encore qu'à peine dans les temps reculés à ce prodigieux enchaînement de victoires qui ont fondé les brillantes destinées de la République : époque fameuse, qui servira de leçon aux oppresseurs des hommes, d'ornement et d'exemple aux peuples généreux.

L'armée des Pyrénées occidentales, fière de ces premiers succès et sentant sa vigueur, brûlait d'impatience d'ajouter ses lauriers à ceux des autres armées. Ce n'étaient pas seulement les troupes dont l'ardeur était si vive, les représentans du peuple Pinet et Cavaignac faisaient éclater encore plus de chaleur dans leurs desirs. En vain, alléguant l'arrivée prochaine de quinze bataillons de la Vendée, de chevaux et de canons de gros calibre, le général en chef cherchait à retarder cet élan ; en vain il cherchait à prouver que le délai pris pour recevoir de nouveaux renforts serait bien racheté par une conquête plus étendue, plus rapide et surtout plus durable; de telles raisons ne persuadaient personne, et on les traitait publiquement de pusillanimes. Cédant enfin aux impérieuses sollicitations des représentans du peuple, Muller ordonna les dispositions nécessaires pour effectuer l'entrée sur le territoire Espagnol. Il saisit habilement le point sur lequel devaient être dirigées les premières attaques. La vallée de Baztan, environnée au sud et à l'est par les terres de France, s'allonge considérablement au nord et à l'ouest dans les possessions Espagnoles ; de sorte que, par son flanc droit, il était facile de tourner la position de Vera et les redoutes d'Irun, et par son flanc gauche, la vallée de Roncevaux en menaçant Pamplune (1).

Pour s'assurer des trois passages principaux qui conduisent dans cette fertile vallée, il fut ordonné à la division de gauche d'emporter Berdaritz et le col d'Ispéguy, et à celle du centre de s'établir sur le col de Maya.

Dès que ce mouvement fut décidé, Pinet et Cavaignac se rendirent à Jean-Pié-de-Port. Ils signalèrent leur séjour dans ce lieu, jusques-là maintenu dans le calme le plus profond, sous les auspices du représentant du peuple Féraud, par des actes arbitraires et des arrestations. Fargues lui-même, qui avait si puissamment contribué à armer les Basques pour la République, fut conduit comme un criminel à la citadelle de Bayonne.

Cependant tous les préparatifs de l'ex-

―――――――――

(1) En 1521, l'amiral Bonnivet avait employé la même manœuvre pour s'emparer de Fontarrabie. Le maréchal de Berwick, en 1718, avait formé sa première attaque contre Vera, d'où il était descendu facilement sur la rive gauche de la Bidassoa.

pédition étaient achevés, et le 14 prairial deux mille trois cents hommes, sous les ordres du général de brigade Lavictoire (1), s'ébranlèrent pour attaquer Berdaritz ; le chef de brigade Lefranc marchait sur le col d'Ispéguy à la tête d'environ deux mille hommes, tandisque quatre mille hommes, sous les ordres du général de brigade Susamicq, menaçaient la vallée de Roncevaux, et que le général de brigade Castelvert, avec quinze cents hommes, allait débusquer les Espagnols du col de Maya.

On ne pouvait parvenir au col de Berdaritz que par les Aldudes ou par le sommet des montagnes qui longent la vallée de Baztan. La vallée des Aldudes était défendue par la légion des émigrés, dite *Royale*, et par trois cents chasseurs Aldudiens; une redoute, dans laquelle s'élevait une maison

---

(1) C'était un tailleur de profession, ancien capitaine d'une compagnie franche Basque. Avant de se faire recevoir, il dit aux troupes : « Mes amis, vous ne pouvez douter de ma fidélité à la cause de la République, car il y a un an que je vous faisais des habits. »

crénelée, dite la *Casa-Fuerte*, fermait le chemin qui y aboutit de la vallée de Berdaritz. Du côté des montagnes, on avait ajouté aux obstacles nombreux de la nature une redoute très-forte, munie de deux pièces de canon. Tout le revers de la montagne était coupé par des redans. Trois cents hommes du régiment de Zamora étaient chargés de garder cette position vraiment respectable.

La colonne assaillante, au nombre de quinze cents hommes, marcha à travers les montagnes par un sentier étroit et rude. Huit cents hommes menaçaient les Aldudes par la gorge. On n'arriva qu'à neuf heures du matin à la montagne d'Ourisca, quoique l'ennemi eût opposé fort peu de résistance. Le tems étant devenu serein, les Basques marchaient avec ardeur au combat, ayant à leur tête le général Lavictoire; une fusillade violente, une décharge à mitraille, et la mort du général, les arrêtèrent un moment. Les troupes qui descendaient avec impétuosité de la montagne, entrèrent pêle-mêle dans les rangs Basques; et dans le désordre, chacun ne prit plus conseil que de son courage. Les uns se précipitèrent sur les redans de l'ennemi, les autres parvinrent jusqu'à soixante pas de la redoute, où ils mirent ventre à terre, épiant un moment favorable ; il arriva. Un baril de poudre sauta dans la redoute ; un mouvement brusque et heureux y fit entrer sur le champ cette troupe embusquée. Tout ce qu'il y avait d'ennemis occupés à défendre les approches du col, se réfugia alors dans la *Casa-Fuerte*. Un coup de canon tiré de la redoute, qui venait d'être prise, ébranla le fort, et les assiégés se rendirent aussitôt. Le colonel, vingt-sept officiers, et environ deux cent quatre-vingts soldats du régiment de Zamora furent faits prisonniers ; plusieurs furent tués.

Les Français n'avaient pas moins de succès au col d'Ispéguy, où des obstacles sans nombre étaient acumulés. Sur le sommet des montagnes, qui forment ce col d'Ispéguy, on avait construit des espèces d'ouvrages à couronne en pierre sèche. Des rochers fortifiés par la nature et par l'art s'élevaient, comme des forts, pour dominer tous les sentiers qui mènent au col, soit par la gorge d'Elorieta, soit par Bustancelay, soit du côté de Baygorry. En outre une seconde ligne d'ouvrages en terre protégeait les derrières vers Errazu. Aucun de ces retranchemens n'avait de canons, mais ils étaient abondamment pourvus d'espingolles et de fusils de rempart.

Les Français attaquèrent le col de front et par les deux flancs. La colonne qui pénétra par la gorge d'Elorieta, emporta promptement le rocher d'Oratés et le sommet fortifié de la montagne ; on éprouva plus de résistance du côté de Bustancelay ; mais le rocher ayant été enlevé, l'ennemi évacua avec précipitation tous les autres ouvrages, et se jeta en désordre sur Errazu, au delà de la 2ᵉ. ligne des redoutes. Le commandant espagnol, froissé par une chûte, y fut porté presque mort. Le nombre de tués et prisonniers monta à cent.

La colonne de quatre mille hommes, qui marchait sous les ordres du général Suzamicq, remplit son but en tenant les Espagnols en alarmes du côté d'Altobiscar.

Au col de Maya, qui n'était point couvert par des retranchemens, le général de brigade Castelvert n'éprouva aucune résistance.

A la nouvelle de ce succès, l'ennemi abandonna la redoute de Mortal et le col de Harriet.

Telle fut l'issue de cette expédition, qui nous ouvrit les portes de la vallée de Baztan, et qui prépara les triomphes de la campagne. C'est également à cette époque que le village des Aldudes fut entièrement consumé par les flammes. L'incendie parut plutôt toléré que commandé par les généraux français.

Après ce succès, on devait penser que les Espagnols, sentant leur faiblesse, se maintiendraient dans une défensive réservée; mais enhardis par l'indécision d'un combat livré, le 28 prairial, aux avant-postes de Jean-de-Luz, et croyant sans doute avoir dans cette journée intimidé les Français, qui avaient paru avoir de grands desseins, (1) ils résolurent de tenter un dernier effort de ce côté.

---

(1) Les Français avaient fait monter du canon sur le rocher pour foudroyer Biriatu; ils ne réussi-

A la pointe du jour le 5 messidor (23 juin v. st.), huit mille hommes d'infanterie et cinq cents chevaux, soutenus par quelques pièces d'artillerie, attaquèrent les Français sur quatre colonnes ; celle qui descendit de Vera emporta rapidement le rocher et le calvaire d'Urrugne. Les Français bientôt ralliés et renforcés tombèrent pleins de furie sur cette colonne, la renversèrent et s'établirent de nouveau dans toutes leurs positions. Les trois autres colonnes, qui devaient appuyer les opérations de la première, rétrogradèrent alors en désordre. Cette action sanglante et impétueuse était terminée à huit heures du matin. Environ cinq cents Espagnols furent mis hors de combat ; trente-quatre restèrent entre nos mains : de notre côté, nous eûmes trente morts et deux cents blessés.

Les nouvelles conquêtes des Français avaient nécessité des dispositions nouvelles dans le placement des troupes, formant la

---

rent point à faire abandonner ce poste : ils s'établirent seulement sur l'éminence dite le Dos-d'Ane.

division de gauche. Deux bataillons occupèrent Berdaritz et ses redoutes; on fit camper quatre bataillons à Mizpira sur les montagnes opposées qui dominent le bassin des Aldudes. La défense du col d'Ispéguy fut confiée aux 3e. et 4e. bataillons des Basses-Pyrénées, ainsi qu'à deux compagnies de chasseurs Basques.

Les ennemis ne firent aucune tentative pour recouvrer ces points importans, mais ils parurent s'obstiner à défendre la vallée de Baztan. Une proclamation du roi annonça cette résolution aux habitans, et les invita à prendre les armes et à imiter leurs ancêtres, qui, du tems de Louis XIV, préservèrent leur vallée de l'invasion des Français. Le général en chef Caro, se reposant peu sur l'effet de cet appel aux Baztanais, et ne voyant que le danger de laisser tourner par ce pays, désormais impossible à garder, les positions plus importantes de Vera et d'Irun, en proposa l'abandon pour se fortifier dans les montagnes: cet avis fut rejeté et Caro sollicita son remplacement. Le vieux comte de Colomera, vice-roi de Navarre, fut chargé du commandement de l'armée. On ne peut attribuer à Caro les talens d'un grand capitaine ; mais ce qui démontre qu'il avait plus de moyens, d'habileté et d'énergie que tous les généraux qui lui ont succédé, c'est que depuis son départ on ne vit plus dans les troupes aucun reste de cette vigueur qu'elles montrèrent à diverses époques de son commandement.

Un des meilleurs officiers-généraux de l'armée espagnole, Urrutia, avait été chargé de défendre la vallée de Baztan. Ainsi que Caro, il sentait le péril de sa position ; mais affectant un maintien assuré, il engageait de fréquentes escarmouches, développait des mouvemens continuels, et étalait aux yeux des Français un chimérique appareil de camps et de soldats.

Ces derniers ne se laissaient point intimider par toutes ces fausses démonstrations, et se disposaient à une entreprise nouvelle. La légion des émigrés et les restes du régiment de Zamora avaient établi un camp sur le sommet de la montagne d'Arquinzu à la gauche de Berdaritz. Ce camp extrêmement élevé couvrant la fonderie d'Euguy, et les derrières de la vallée de Baztan, tenait en échec Berdaritz et Mizpira. Le général de division Moncey, le même qui avait combattu avec tant de distinction à la malheureuse affaire de Château-Pignon, avait remplacé à Jean-Pié-de-Port le général Mauco, envoyé dans la division des Vallées, à la suite de quelques discussions avec les représentans.

Le 22 messidor, à deux heures après minuit, quatre mille hommes s'ébranlèrent des Aldudes et de Berdaritz. Une colonne, sous les ordres du général Digonet, devait attaquer le camp de front, tandis qu'une autre, à la tête de laquelle marchait Latour-d'Auvergne, tournerait ses derrières. On plaça des troupes dans l'espace qui s'étendait depuis Berdaritz jusqu'à ce camp des émigrés. Le jour commençait à poindre, et les troupes, sous les ordres de Digonet, étaient embusquées dans les bois au pied du rocher presqu'à pic, dont le front du camp était couvert. Rien ne transpirait, la plus grande sécurité régnait parmi les ennemis : il ne fallait qu'attendre un moment jusqu'à ce que la colonne environnante eût accompli son mouvement : on n'attendit point. Le jour s'avançant, Digonet crut l'occasion manquée s'il tardait davantage, et fit attaquer le rocher : les émigrés s'y défendaient, lorsqu'apercevant derrière eux le corps de Latour-d'Auvergne, ils prirent la fuite avec précipitation ; tout le camp, au bruit de cette alarme, se débanda dans la plus grande confusion. La colonne venue par derrière poursuivit long-tems les fuyards dans les bois. Le marquis de St.-Simon, chef de la légion royale, fut grièvement blessé aux reins ; plusieurs autres furent tués, et quarante-neuf émigrés tombèrent vivans entre les mains des Français (1). On s'empara en outre des tentes, de la caisse, et de divers vêtemens et effets, témoignages certains d'une frayeur panique. Les restes de la légion se réfugièrent à Irurita, village de la vallée de Baztan.

---

(1). Ils furent exécutés dans la suite.

CHAPITRE VI.

Situation des troupes espagnoles; terreur des habitans de la frontière; dispositions des Français pour effectuer l'entrée en Espagne par trois points différens; invasion des vallées de Baztan et de Lerins; attaque et prise des retranchemens de Vera; réunion des colonnes des généraux Moncey et Delaborde; leurs mouvemens pour tourner les positions d'Irun; passage de la Bidassoa par le général Frégeville; déroute des Espagnols; prise de Fontarrabie et d'immenses approvisionnemens; les Français à Ernany; capitulation de St.-Sébastien.

L'ARMÉE espagnole, forte de trente mille hommes au commencement de la guerre, s'était mal recrutée, et n'avait pas au mois de thermidor vingt mille combattans effectifs.

fectifs distribués dans un espace d'environ quarante lieues. Des levées de paysans mal armés, sans ordre et sans discipline, ne pouvaient remplacer l'énorme vuide fait dans les troupes de ligne. Ces paysans d'ailleurs manquaient de courage, et dès les premières décharges on les voyait fuir épouvantés. Il existe une autre cause du peu d'ardeur qui a régné durant presque toute la guerre parmi les troupes espagnoles : c'est le défaut de mœurs. Les cantonnemens et les camps étaient remplis d'une multitude de femmes impudiques qui entretenaient dans la plus honteuse débauche les soldats, et surtout les officiers. Ces derniers, non contens de ce déréglement, faisaient des absences fréquentes dans la vue de varier leurs plaisirs. Aussi les soldats, imitant l'exemple de leurs chefs, courbés sous une servitude dure plutôt que soumis à une discipline exacte, sans encouragement et sans secours dans leurs maladies, ne montraient point dans les combats cette fierté que la discipline règle, et que le sentiment inspire et affermit. De là le germe fécond des revers; et si l'orgueil castillan, au commencement des hostilités, aimait à se représenter les troupes françaises comme un ramas d'hommes sans expérience et sans courage, le sort des combats dut lui prouver que de bonnes lois militaires y avaient formé en peu de tems des guerriers redoutables.

A cette faiblesse militaire, les Espagnols voyaient se joindre d'autres symptômes allarmans d'un désastre prochain. Dans quelque pays que ce soit, à moins de circonstances étrangères, l'affection du peuple appartient au gouvernement sous lequel il a l'habitude de vivre, et l'on sait combien cette affection est utile à une armée. Les Basques, quoiqu'en général assez exclusifs dans l'amour de leur pays, auraient cependant, soit par une suite de cet instinct naturel dont nous venons de parler, soit par le desir d'écarter les malheurs d'une invasion, secondé avec zèle les armes espagnoles : mais les traits monstrueux sous lesquels on leur avait peint les Français, les tableaux hideux qu'on se plaisait à leur faire de la férocité, des mœurs farouches et impitoyables de cette nation, le bruit encore grossi à dessein des scènes affreuses qui se passaient chez elle, l'incendie des villages d'Urdax, des Aldudes, de Lussaïde, de Zugarramurdy, avaient produit dans leurs ames, non pas l'énergie de l'indignation, mais l'abattement de la plus profonde terreur. Cet état de découragement leur ôtait la force de se défendre, et au moindre signal du danger, frémissans d'horreur, ils abandonnaient en foule des lieux chéris, la maison de leurs pères et leurs fertiles moissons.

Les ordres furent donnés pour effectuer l'entrée en Espagne. C'était par la vallée de Baztan que devait commencer l'invasion avec treize bataillons, huit cents chevaux, deux obusiers de six pouces, deux canons de huit, quatre de quatre, sous les ordres du général de division Moncey. Une autre expédition devait avoir lieu contre la position du Commissary et Vera, et on mit pour cet effet, sous le commandement du général de division Delaborde, neuf bataillons ; la nature du terrain n'y permettait point l'emploi de la cavalerie ni de l'artillerie. Neuf autres bataillons, deux escadrons de cavalerie légère, et l'artillerie de la droite furent laissés au général de division Frégeville, pour bombarder Fontarrabie et franchir la Bidassoa, dès que les deux autres divisions victorieuses auraient effectué leur jonction à Vera.

La division qui devait attaquer la vallée de Baztan, était disposée en quatre colonnes: trois bataillons débouchaient par Berdaritz; trois bataillons, trois cents chevaux et deux pièces de quatre par Ispéguy; deux bataillons par le col d'Aarriete; cinq bataillons, cinq cents chevaux et le reste de l'artillerie par Maya. (1) Dans cette dernière colonne se trouvaient les représentans, le général Moncey et le commissaire-ordonnateur en chef Dubreton.

Des escarmouches vives s'engagèrent la veille de l'action au col de Maya et à celui d'Arriete. Les Français y eurent jusqu'à

---

(1) On croyait que le fort de Maya opposerait une forte résistance; 4,000 hommes, disait-on, en couvraient les approches. Ce nombre de troupes existait seulement dans toute la vallée.

vingt hommes blessés, et le canon gronde de part et d'autre. (1)

Dans la nuit du 6 thermidor tout se mit en mouvement. La colonne d'Ispéguy plus active commença l'attaque. Du col à Errazu, premier village espagnol de ce côté, deux hauteurs dominent le grand chemin à droite et à gauche. La partie gauche, garnie de rochers, étant défendue avantageusement par la nature, les troupes suivirent un sentier tracé sur le plateau de la droite, et malgré la difficulté des chemins on parvint à y faire passer les pièces d'artillerie. Avec trois coups de canon, on fit abandonner aux ennemis une redoute assez forte qui fermait le chemin. Les Espagnols se replièrent alors sur Errazu et dans quelques maisons crénelées au delà de la rivière, pour empêcher que le village ne fût tourné par la

―――

(1) Ce jour-là même on lut, dans tous les camps, une proclamation des représentans du peuple qui ordonnait, sous peine de mort, le respect des personnes et des propriétés. On doit des éloges à l'intention de cette pièce.

droite. Chassés de cette nouvelle position, ils allèrent occuper à une lieue plus loin une éminence d'où ils défendaient l'entrée de la gorge d'Arizcun, couvraient une partie de la vallée, et pouvaient borner à la prise de trois villages la conquête des républicains. Une affaire très-vive s'engagea dans ce lieu; le premier effort des Français, rompus par l'ardeur de la poursuite, fut infructueux : mais ayant rétabli leurs rangs, ils en imposèrent à l'ennemi qui céda le terrein et effectua sa retraite sur Elizondo.

Ce mouvement rétrograde devenait pressant, car les colonnes de Maya (1) et d'Arriete, qui avaient éprouvé fort peu d'obstacles dans leur attaque, s'avançaient à grands pas, et les troupes descendues de Berdaritz, franchissaient avec rapidité les montagnes qui séparent ce col d'Elizondo. Ce dernier village fut également abandonné : les Espagnols défilèrent par le chemin d'Elizondo à S.-Estevan sous la

---

(1) Le fort de Maya avait été évacué avant l'arrivée des Français.

protection de leur cavalerie. Les Français prirent position sur une hauteur qui domine le petit village de Lécaroz.

Le général Castelvert, avec trois bataillons, s'établissait dans le même tems sur les hauteurs d'Echalar.

Quel tableau délicieux la vallée de Baztan présentait à nos yeux le jour de notre entrée ! Descendus des sommets sauvages des montagnes, nous croyions être transportés dans un pays enchanté : une contrée fertile, ornée d'une riante verdure, arrosée par des eaux limpides, couverte de fruits et de moissons, où les maisons, les villages se succédaient sans interruption; cette contrée semblait l'asile du bonheur. Il est vrai que cette jouissance s'affaiblissait en voyant ces villages abandonnés par la presque totalité des habitans : mais au milieu des triomphes de nos armes et de l'ivresse générale on n'accueillait dans les ames que les sentimens agréables. (1)

---

(1) La vallée de Baztan, prise depuis le col de Maya jusqu'à celui de Yelate, a environ 6 lieues

Outre quatre pièces de canon de fer laissées dans le fort de Maya et deux cents prisonniers, on trouva dans la vallée environ six mille fusils, une grande quantité de

---

et demie communes de France, dans sa longueur; sa largeur est fort inégale. Du fond de la gorge de Garzain jusqu'à Oronoz, on compte trois lieues et demie. Entre Arizcun et Elizondo, et en plusieurs autres endroits, il n'y a pas dix toises de vallon. Des montagnes très-élevées l'environnent de tous côtés : à l'Est, elle confine avec les vallées de Baygorry et des Aldudes; au Nord, avec le Labourt; à l'Ouest, avec les *Cinco-Villas* et la vallée de Lérins; au Sud enfin, avec la vallée de Lanz. Outre Maya, dite ville royale, on compte dans la vallée quatorze villages, ornés de très-jolies maisons; plusieurs habitans, enrichis dans le Mexique, ont pris plaisir à vivre dans leur patrie et à l'embellir. Sa population est d'environ sept mille ames; elle recueille, année commune, du froment pour trois mois et du maïs pour sept. On n'y cultive point la vigne; ses richesses consistent en fruits, entr'autres des pommes dont on fait du cidre, en légumes et surtout en bestiaux, qui se nourrissent de l'herbe succulente qui croît sur les montagnes voisines. Les laines n'ont point dans ce pays la finesse et la beauté de celles de l'intérieur de l'Espagne.

fournitures d'hôpitaux, mais fort peu de comestibles : à la vérité une riche moisson était abandonnée aux vainqueurs, et la plus grande partie des foins n'était point encore fauchée. (1)

Le 16 thermidor quatre bataillons entrèrent dans la vallée de Lérins (2) par le grand chemin qui conduit d'Elizondo à S.-Estevan, le long de la Bidassoa. Deux autres bataillons se portèrent sur les hauteurs d'Almandoz. L'ennemi n'avait laissé dans S.-Estevan que quelques volontaires

---

(1) On confia à une agence le soin de recueillir les produits de la récolte ; 1,500 quintaux de froment et 1,800 de maïs furent les fruits de cette gestion qui coûta prodigieusement à la République. C'est une chose connue que le pays rapportait chaque année au moins 8,000 quintaux de froment et 15,000 quintaux de maïs, et à peine la quatrième partie des propriétés fut-elle exempte de la confiscation. Au reste, les lois sur l'émigration étaient appliquées aux biens, mais non aux personnes des fugitifs.

(2) Jolie vallée qui s'étend le long de la Bidassoa jusqu'à Sumbilla; S.-Estevan est le lieu principal.

de Navarre et quelques grenadiers provinciaux qui, à l'approche des Français, firent sauter leur magasin à poudre et s'enfuirent par le col de Dona Maria. Les troupes furent distribuées sur les hauteurs au Sud et à l'Ouest de S.-Estevan.

Le lendemain de l'invasion de la vallée de Baztan (7 thermidor), la division du centre, sous les ordres du général Delaborde, effectua l'attaque des retranchemens de Vera : depuis Biriatu jusqu'auprès de Vera on avait ajouté aux obstacles accumulés par la nature ouvrages sur ouvrages. Ceux de la montagne du Commissary étaient composés de deux redoutes, placées sur des éminences qui prédominaient la cîme de cette montagne : l'une de ces redoutes était étoilée, bien flanquée, et défendue par un bon fossé, des puits ou pas de loup et des chevaux de frise dans tout son pourtour extérieur. L'autre redoute était moins fortifiée ; son entrée n'était défendue que par une simple traverse. Dans chacune de ces redoutes l'ennemi s'occupait à construire une espèce de cavalier ou réduit non encore achevé. Leur distance l'une de l'autre était à-peu-près d'une portée de mousquet, et elles étaient liées par un simple parapet à redans et en gazon sans fossés. Des bâtimens en bois, placés dans l'intérieur de ce parapet, servaient à loger des troupes. Pour empêcher que ces ouvrages ne fussent tournés, une redoute, dite de Marie-Louise, battait la gorge d'Olette, et une autre, dite de St.-Barbe, fermait le passage par le chemin de Sare. Quelques petits camps soutenaient ces retranchemens.

Dès le 6 thermidor, à 9 heures du soir, les troupes s'étaient mises en marche sur trois colonnes, fortes chacune de trois bataillons; celle de droite partie du rocher (*Mandale*), sous les ordres du général de brigade Dessein, arriva à trois heures du matin au Commissary, devant le parapet qui liait les redoutes: le feu vif de l'ennemi fit chercher un asile aux premiers venus dans un angle rentrant de ce parapet. L'affluence des troupes, pressées de se mettre à couvert, força de marcher en avant; il était aussi dangereux de reculer que d'avancer, et cependant deux fois le canon ennemi repousse les assaillans derrière le parapet. L'adjudant-général Frère est tué avec une multitude de soldats: on hésite, le général Dessein ranime les troupes, et à leur tête gagne les casernes placées au milieu des deux redoutes; là, on s'aperçoit que la redoute à droite n'est fermée que par une simple traverse; les troupes s'y précipitent et s'en rendent maîtres sans beaucoup de résistance. Quelques soldats, restés dans les casernes, trop incommodés par le canon, vont se jeter dans les fossés de la redoute étoilée. Au même moment la colonne du centre qui avait passé par la gorge d'Olette, laissant à sa gauche la redoute de Marie-Louise, après avoir dissipé un petit camp ennemi, attaque l'autre côté de la redoute étoilée. Ce mouvement, la prise de la redoute de droite, les flots de combattans qui arrivaient sans cesse, l'escalade déja commencée, et surtout l'épuisement des munitions déterminèrent les Espagnols à se rendre. La colonne de gauche, sous les ordres du général de brigade Pinet, avait traversé la gorge de Sare, et s'empara successivement des redoutes de Marie-Louise et de

St.-Barbe abandonnées par les ennemis.

Les Français eurent dans cette affaire deux cents morts et trois cents blessés, presque tous de la 148e. demi-brigade faisant partie de la colonne de droite. Ils firent trois cent vingt prisonniers, dont douze officiers, et s'emparèrent en outre de sept pièces de canon et de deux obusiers.

Les suites de cette victoire furent la prise de Vera et celle de Lesaca, au delà de la Bidassoa (1), l'évacuation de Biriatu par les Espagnols, et la conquête de la vallée de Lerins dont nous avons déja parlé. Ce qui donnait surtout du prix à cette journée, c'est qu'elle présageait le sort prochain des retranchemens d'Irun désormais faciles à tourner.

---

(1) Ce pays rude et montueux, qu'on nomme les Cinco-Villas, a six lieues de longueur et cinq de largeur. Il doit son nom à ces cinq villes, Echalar, Yanci, Arenas, Lesaca et Vera, toutes situées dans des vallons étroits, et qui, à l'exception de Lesaca ne sont que de misérables bourgades. On y vit par le travail des mines de fer. Il est traversé par la Bidassoa.

Le général Moncey partit d'Elizondo, le 9 thermidor, avec six mille hommes pour joindre à Lesaca la division du général Delaborde : il n'arriva à sa destination qu'après une marche de trente-deux heures, à travers les montagnes d'Atchiola. (1)

Ces deux divisions réunies, formant environ douze mille hommes, partirent de Lesaca le 13 thermidor ; elles devaient ce même jour débusquer un corps ennemi campé sur les deux flancs de la montagne d'Aya, et y prendre position; l'idée était générale que les Espagnols défendraient avec opiniâtreté ce poste qui découvrait les derrières d'Irun. Le 13, le tems chargé de brouillards favorisant peu une attaque, on la remit au lendemain, et les troupes bivouaquèrent sur les hauteurs voisines de la montagne d'Aya. Le 14, après une marche extrêmement pénible, la montagne

---

(1) Il n'y a que sept lieues de trois mille toises d'Elizondo à Lesaca par le mont Atchiola : mais la longueur de cette marche fait voir l'extrême difficulté des chemins. La troupe parcourt environ 1,200 toises par heure dans les chemins ordinaires de montagne.

fut escaladée, le camp enlevé, les ennemis mis en fuite presque sans coup férir. Au moment où la marche s'effectuait, le canon et la mousqueterie se faisaient entendre sur les bords de la Bidassoa. C'était la division de droite, sous les ordres de Frégeville, qui attaquait les Espagnols. L'avis du retard jeté dans les opérations des deux autres divisions n'arriva point à tems. Déja toutes les troupes étaient en mouvement, et, tandis que deux bataillons faisaient une attaque simulée sur le pas de Béhobie, quatre bataillons, sous les ordres du général de brigade Dessein, avaient traversé la Bidassoa par un gué au dessus de Biriatu, malgré le feu d'une batterie et malgré le rempart de palissades qui défendaient ce passage. Ces quatre bataillons furent bientôt suivis de trois autres sous le général de division Frégeville. Ils s'élevèrent sans beaucoup d'obstacles jusques sur les derrières de la montagne de St.-Martial. Cette position inexpugnable par son front avait ses derrières faibles, depuis que la prise des retranchemens de Vera et de Biriatu avait laissé une lacune dans la défense de la Bidassoa. Aussi la résistance fût-elle de courte durée. Les Espagnols s'enfuirent dans le plus grand désordre du côté d'Oyarzun. (1).

Du haut de la montagne d'Aya les généraux Moncey et Delaborde aperçurent la fuite des ennemis. Ils descendirent en diligence à Oyarzun, afin d'inquiéter leur retraite; elle était entièrement terminée à leur arrivée, et une partie de la di-

---

(1) Le systême défensif de la Bidassoa était très-bien entendu. Des feux croisés balayaient tout le cours de la rivière : dans l'espace de deux mille toises on avait construit au milieu de la rivière une barrière de palissades ; les lieux guéables étaient couverts par des retranchemens. Le pas de Behobie était battu par le canon de six batteries étagées : au dessus, et sur la cime d'une montagne, s'élevait le camp de Saint-Martial, d'où on éclairait les points les plus écartés.

Les Espagnols étaient au nombre de douze mille hommes. Frégeville n'avait sous ses ordres qu'environ sept mille hommes ; mais la marche des divisions de Moncey et Delaborde, qui ne pouvait être inconnue aux Espagnols, rendait leur position absolument insoutenable.

vision

vision de Frégeville avait même dépassé Oyarzun.

Le représentant du peuple Garrau, et l'adjoint aux adjudans-généraux Lamarque, restés à Irun, s'approchèrent avec quelques troupes de la place de Fontarrabie : elle capitula à la première sommation. Il n'y avait dans cette ville que six cents hommes formant le dépôt de divers régimens, sous les ordres d'un vieil officier nommé don Vincente de los Reyes, qui furent faits prisonniers de guerre. On a accablé le gouverneur de reproches de lâcheté sur cette prompte reddition. Ce qui l'excusait cependant, c'était la faiblesse de sa garnison, et l'espèce d'abandon où l'avaient laissé les généraux espagnols, quoiqu'un bombardement, qui durait depuis six jours, ne dût leur laisser aucune incertitude sur le dessein des Français. D'ailleurs, Fontarrabie est une mauvaise place à cinq bastions et sans dehors. (1) Le château du Figuier, qui défend l'entrée de la rade, se soumit en même tems.

---

(1) La ville de Fontarrabie était très-endom-

Les prises faites à Irun et à Fontarrabie furent immenses ; elles consistaient en deux mille prisonniers, deux cents pièces de canon de tout calibre, cinq drapeaux, quarante mille bombes, obus, boulets, huit mille fusils, une quantité considérable d'effets militaires, et quelques approvisionnemens de bouche.

Le 15 thermidor, les troupes que commandaient Frégeville et Delaborde s'avancèrent jusqu'à Ernany, où le grand chemin de Madrid est joint par celui qui conduit à St.-Sébastien. Les Espagnols abandonnèrent ce point intéressant sans résistance et se retirèrent à Tolosa, trois lieues plus loin. Pendant ce mouvement, Moncey, avec six mille hommes, s'emparait du Passage, de Renteria, de Lezo, et occupait toutes les hauteurs de St.-Sébastien. Instruit qu'il existait dans la ville une extrême frayeur parmi les citoyens, peu

---

magée lors de sa reddition : on a depuis renversé ses fortifications par la mine, et il n'y est resté que la moitié de la courtine du bastion de la Reine, et la moitié de l'orillon de la porte Sainte-Marie, encore l'ouvrage de la mine y était-il préparé.

d'accord entre les chefs, et que les soldats seuls paraissaient vouloir soutenir le siège, il y envoya, comme parlementaire, le capitaine Latour-d'Auvergne, qui, aux talens militaires les plus distingués, joignait l'usage de la langue espagnole, des connaissances très-étendues, une figure imposante, une éloquence fière et persuasive. Ce brave officier détermina bientôt le gouverneur et les Alcaldes à signer la capitulation; elle était conçue en ces termes:

« Au nom de la République Française;

Art. Ier. Le gouverneur de la ville et citadelle de St.-Sébastien les livrera aux troupes de la République, dès qu'elles se présenteront.

II. La garnison sortira de la citadelle et de la place tambour battant, drapeaux déployés, ira se former en bataille sur le glacis; arrivée-là, elle déposera ses armes et sera prisonnière de guerre.

III. Il sera accordé six charriots découverts pour le transport des équipages de la garnison seulement; ces équipages seront vérifiés en sortant de la place par un commissaire des guerres.

IV. Les magistrats de la ville en remettront les clefs.

V. Les vaisseaux de guerre ou autres bâtimens actuellement en rade ou dans le port, ainsi que leurs cargaisons, appartiendront à la République, excepté ceux dont les habitans justifieront être propriétaires.

Les décrets de la convention nationale ayant consacré la liberté des cultes, l'arrêté des représentans du peuple près cette armée, du 30 messidor, en ayant assuré aux habitans du pays conquis le libre exercice, le général croirait faire naître un doute injurieux sur l'exécution des lois de la République et des arrêtés des représentans du peuple, que d'en faire un article exprès de capitulation.

VII. Quant aux autres demandes, relatives à des intérêts particuliers, le général prévient les habitans qu'ils pourront adresser leurs mémoires sur ces différens objets et à la convention nationale, et aux représentans du peuple près cette armée, qui s'empresseront de faire droit à leurs réclamations, si elles sont justes. »

Cette capitulation fut signée le 17 thermidor à deux heures du matin : à midi, les clefs furent portées dans une pompe solemnelle aux représentans du peuple par l'Alcalde Michelena. La garnison, forte de dix-sept cents hommes, après les cérémonies convenues, resta prisonnière de guerre, et partit sur-le-champ pour Oyarzun. Ces hommes montraient un front consterné, et la plupart se plaignaient hautement d'avoir été trahis et livrés. Il en était tout autrement des habitans de Saint-Sébastien : pleins de joie d'avoir échappé aux horreurs d'un siège et du bombardement, ils accueillirent les représentans, les généraux, l'armée toute entière par les plus vives démonstrations d'allégresse. Dès le lendemain, les boutiques étaient ouvertes comme à l'ordinaire. On y recevait les assignats sans murmure et avec une faible perte. La plus exacte discipline était observée par les Français, et Saint-Sébastien semblait déjà une ville façonnée à la domination nouvelle.

Il serait difficile d'imaginer quelles prodigieuses ressources fournit à l'armée une petite ville à peine peuplée de huit mille habitans. (1) Ainsi qu'il était pratiqué

(1) St.-Sébastien est située au pied d'une montagne escarpée et dans une langue de terre formée par la mer et par la rivière d'Urruméa.

La baie qui sert de port à St.-Sébastien n'est point sûre. On y a pratiqué un petit môle, où les bâtimens restent à sec dans la marée basse. L'entrée du port est défendue par une plate-forme garnie de canons. Au haut de la montagne qui domine la ville, s'élève une petite citadelle assez bien fortifiée, surtout par la nature qui en a rendu l'accès difficile; elle a le défaut essentiel d'être dominée de très-près.

A une lieue de St.-Sébastien, et à une distance double de Fontarrabie, se trouve le port du Passage; bassin magnifique, où les vaisseaux de ligne peuvent mouiller en sûreté. C'est l'abord le plus sûr de la côte, et le refuge ordinaire des navigateurs dans les tempêtes qui agitent fréquemment le golfe de Gascogne.

Le village s'étend sur les deux bords de la baie. L'entrée du Goulet est défendue par le feu du château Sainte-Isabelle, situé sur un petit promontoire en face de l'entrée, et l'intérieur de la baie est battu par le canon du fort St.-Sébastien.

Puisque j'ai déjà parlé des principales villes de Guipuscoa, je rendrai compte immédiatement de ce qui peut intéresser dans cette province.

en France, tout ce qui pouvait être d'un service utile à l'armée fut mis en réqui-

---

Le Guipuscoa est borné par la Navarre, l'Alava, la Biscaye et l'Océan. Il a dix lieues de long du nord au sud, et onze de l'est à l'ouest. L'industrie des habitans a trouvé dans les ports qui remplissent la côte, les sources de l'opulence, et dans l'âpreté même du sol, une liberté qui fait tout fleurir. Cette petite contrée stérile et pleine de montagnes, renferme une population d'environ 120 mille ames. Les édifices publics y ont de la magnificence, et toutes les maisons particulières de l'aisance et de la propreté. Des entreprises de la plus grande étendue ont été exécutées par les négocians de St.-Sébastien, et on se rappellera longtems des richesses trouvées dans cette ville lors de sa reddition. Outre une multitude d'habitations parsemées dans les montagnes, on compte dans le Guipuscoa soixante-douze villes, bourgs ou villages. La navigation est peu prolongée dans les terres, parce que les rivières y ont peu de profondeur, mais la quantité considérable de bestiaux qu'on nourrit, surtout dans la partie méridionale, rend les transports faciles. Ajoutez que le chemin qui sert de communication avec la Navarre, l'Alava et la Biscaye, est de la plus grande beauté. Les lieux principaux le long de la mer sont St.-Sébastien, Fontarrabie, le Passage, Orio, Guetaria, Zumaya, Zaraus, Deva et Motrico : dans les terres on remarque Tolosa,

sition. On y joignit des mesures moins dispendieuses encore, en appliquant gratuitement au profit de la République les biens mobiliers des personnes fugitives. Par-là, par les approvisionnemens trouvés dans les magasins royaux, soit au Passage, soit à Ernany, Urnieta et Andoain, on rassembla plus de soixante-dix mille quintaux de grain froment, vingt mille quintaux de riz, et une quantité considérable d'autres denrées dont l'armée ressentait le plus extrême besoin. Tous les services de l'armée, ainsi que la marine, y puisèrent d'abondans secours en toiles, chanvres, fer, cuivre, etc. L'artillerie seule eut en partage quatre cents milliers de poudre, deux cent cinquante milliers de plomb, douze cents milliers de fer, sans comprendre quarante-neuf canons de bronze, depuis le calibre de vingt-quatre jusqu'à celui de huit, quatre-vingt-dix pièces en fer, deux pierriers, six mortiers, un obusier et une multitude d'autres effets de toute nature.

Ernany, Irun, Oyarzun, Villafranca, Ségura, Villaréal, Bergara, Mondragon, Aspeytia, Ascoytia, Elgoybar, Placencia et Saliuas.

CHAPITRE VII.

Prise de Tolosa ; capitulation proposée par la province de Guipuscoa ; elle est rejetée. Les troupes françaises à Guétaria ; administration de Pinet dans le pays conquis ; expédition dans la Biscaye ; le général en chef Muller quitte le commandement de l'armée ; il est remplacé par le général de division Moncey. Départ des représentans du peuple Pinet et Cavaignac, remplacés par Delcher, Baudot et Garrau ; arrivée d'un renfort de quinze bataillons, détachés de l'armée de l'Ouest.

La conquête de St.-Sébastien avait facilité les mouvemens de la division de Frégeville, qui se tenait en observation au dessus d'Ernany. Le 18 thermidor au matin, ce général envoya en reconnaissance deux bataillons qui se fusillèrent avec l'ennemi, et qui dans la chaleur de la poursuite entrèrent dans Tolosa. Ils y furent chargés par la cavalerie espagnole ; leur position paraissait embarassante : mais Frégeville, désapprouvant le projet formé de rester à Ernany, avait à dessein exposé ce détachement pour avoir l'occasion de le faire soutenir. Quatre-vingts hussards du 12e. régiment arrivèrent les premiers et chassèrent les Espagnols, qui se replièrent sur Lecumberry. Tolosa, occupé comme par hasard, ne fut plus abandonné.

Convaincue de son impuissance, peut-être inclinée vers des mesures d'indépendance, l'assemblée du Guipuscoa se réunit à Guetaria, avec l'autorisation des représentans du peuple, pour régler les conditions de sa capitulation. Elles furent bientôt présentées à Pinet, dans les termes suivans : « Que le Guipuscoa serait considéré comme » un état libre et neutre, et qu'il ne fournirait aucun secours ni à la France, ni » à l'Espagne. »

Pour toute réponse, un arrêté des représentans cassa les états, et des troupes françaises furent envoyées à Guetaria.

Cet évènement accrut dans l'ame de Pinet

la haine qu'il portait aux Espagnols, et le détermina à appesantir sur leurs têtes le joug de la terreur. La guillotine fut placée par ses ordres sur la place neuve de St.-Sébastien, et des hommes de son choix furent chargés de l'administration de la province. Des symptômes de joie mal déguisés, au bruit de l'approche des Espagnols, servirent de motif pour violer la capitulation. On mit à exécution le décret de la convention, du 24 thermidor, en faisant arrêter les nobles, prêtres et personnes notables de Guipuscoa. Cette conduite violente, la dureté de l'administration, le fardeau des réquisitions, et surtout la clôture des églises, déterminèrent une foule d'habitans de tout état à chercher un asile dans l'intérieur de l'Espagne.

Une discussion s'était élevée au sujet de l'évacuation de quelques magasins, entre les Biscayens et les villes de Deva et d'Aspeytia. Peut-être les premiers voyaient-ils de mauvais œil que la partie de Guipuscoa non encore occupée par les Français, mais prête à l'être, eût envoyé des députés à l'assemblée pour capituler avec l'armée. Quoiqu'il en soit, des voies de fait ayant eu lieu, Pinet les attribue à des motifs politiques, et sur-le-champ il ordonne l'incendie de quatre villages de la Biscaye. En conséquence, trois bataillons partent de Tolosa le 10 fructidor, ils passent par Regil, Aspeytia, Ascoytia, Elgoybar, à travers un pays ennemi, toujours combattant, toujours sauvés par des espèces de prodiges, mettent le feu à Eybar, à Erniua, et reviennent à Tolosa le 14 au soir par Placencia, Bergara, Anzuola, Villaréal, Villafranca. Le chef de bataillon Schilt va exercer les mêmes vengeances sur Ondarroa et Berriatua : ces expéditions romanesques firent redouter encore plus le nom de Pinet, comparé dès ce moment au *vieux de la montagne*.

À cette époque, Muller quitta le commandement de l'armée, dont il emporta l'estime et les regrets : ses talens, son affabilité, sa modestie lui avaient concilié tous les cœurs. Ennemi des violences et des persécutions, circonspect, presque jusqu'à la timidité, dans ses entreprises, profond et indépendant dans ses idées, il fut en butte à des contrariétés de tout genre de la part de deux représentans fougueux, altiers et tout-puissans. Accablé de dégoûts, il obtint enfin une retraite qu'il sollicitait depuis longtems avec les plus vives instances : le général de division Moncey lui succéda.

Pinet et Cavaignac virent bientôt après expirer le terme de leur domination proconsulaire ; jusqu'au dernier moment Pinet soutint son caractère hautain et révolutionnaire, comme s'il eût ignoré la nouvelle couleur que prenait l'esprit public dans l'intérieur de la République. Cavaignac, subjugué longtems par l'influence de son collègue, emporta du moins avec lui quelques consolations de l'amitié. Delcher, Baudot et Garrau furent les nouveaux représentans.

On attendait, pour entreprendre une nouvelle expédition, l'arrivée de quinze bataillons détachés de l'armée de l'ouest. Fidèle aux plans de son prédécesseur, le général Moncey, craignant que nos positions trop disséminées dans le pays conquis ne nous attirassent quelque revers, résolut d'abandonner Tolosa, et de concentrer les divisions de la droite autour du camp retranché de St.-Sébastien, en faisant garder d'ailleurs le point d'Ernany, et toute la partie du grand chemin qui assurait nos communications avec Bayonne. (1) Ces

---

(1) Le camp retranché qui couvrait St.-Sébastien, avait sa droite appuyée à la rade, et sa gauche à la rivière d'Uruméa. On avait été obligé de porter la ligne fort en avant de la place, pour envelopper la seule fontaine qui pouvait lui fournir de l'eau.

La ligne devait avoir à peu près deux mille toises de développement. Elle commençait sur la droite à Lugaritz, où on devait établir une bonne redoute, elle continuait par Fagola et par Marigomesteguy, où elle avait la forme d'un ouvrage à corne, au milieu duquel passait le grand chemin de St.-Sébastien à Ernany. Enfin, elle allait se terminer à la gauche à un mamelon fort élevé, appelé Puyo, où l'on devait également construire une bonne redoute. La fontaine est placée à-peu-près sur le versant de ce mamelon, du côté de St. Sébastien.

L'objet de ce camp retranché était de défendre les hauteurs qui dominent de très-près (deux ou trois cents toises au plus) la place de St.-Sébastien, de battre les débouchés d'Orio, d'Usurbil, etc.

On avait l'intention d'occuper d'une manière respectable la montagne d'Oriamendy, au sommet de laquelle on devait établir une batterie, dont

ordres allaient s'effectuer, lorsque Garrau arriva et s'opposa formellement à leur exécution.

---

l'objet était d'enfiler le chemin d'Ernany dans une assez grande longueur.

Il règne un dos d'âne qui s'appuie d'un côté à cette montagne *d'Oriamendy*, et de l'autre au pont d'Ergobia. On devait établir des camps sur ce dos d'âne, dont la position est excellente pour défendre le débouché d'Ernany, et en même tems pour couvrir d'un côté la route d'Ernany à Oyarzun, et de l'autre celle d'Ernany à St.-Sébastien.

On devait en outre, pour assurer davantage la défense du pont d'Ergobia, établir des retranchemens au village d'Astigarraga, sur une monticule. La position de l'église, qui est avantageuse, devait être retranchée, ainsi que celle de la maison commune. Elles sont placées à droite et à gauche de la route, de sorte que leurs feux croisés auraient pu balayer le chemin depuis le pont d'Ergobia jusqu'au village d'Astigarraga.

Avant toutes ces dispositions qui n'ont jamais été effectuées en totalité, puisque de tout cela il n'a été achevé qu'une portion de 4 à 500 toises du camp retranché; avant, dis-je, toutes ces dispositions, on s'était occupé d'assurer le poste d'Ernany, point important, et qui fut regardé, dès le premier moment de l'invasion, comme la position la plus propre à

A la fin de fructidor, les premiers bataillons de l'armée de l'Ouest arrivèrent à Bayonne, et les autres les suivirent de

assurer notre défense. En conséquence on établit à droite et à gauche du chemin d'Urnieta, sur deux mamelons éloignés de 200 toises à peu près du village, deux redoutes liées par une ligne qui coupait le chemin. On avait construit d'autres ouvrages près le village, et dans le village même, pour prendre des revers sur la rivière d'Uruméa, et on avait porté en avant des deux redoutes, un redan dont les feux plongeaient sur le village d'Urnieta, et en défendaient le débouché. Enfin, pour donner à ces dispositions toute la résistance dont elles pouvaient être susceptibles, on avait encore établi une troisième redoute à 60 ou 80 toises de l'église, en arrière des deux précédentes, pour prendre des revers sur le versant de la montagne de Sainte-Barbe, et un fourneau avait été fait sous le pont qui est à l'entrée du village.

L'intention du général en chef était de se fixer à Ernany ; mais les circonstances l'ayant entrainé jusqu'à Tolosa, on fortifia ce point par divers ouvrages.

1°. On établit une bonne barrière sur le pont qui mène à Pamplune, et sur la gauche du grand chemin une redoute ;

2°. On crénela les murs d'un couvent sur la très-

très-près. On y remarquait les 57e. et 72e. régimens et quelques autres corps célèbres pour avoir combattu sous Custines; mais ce n'étaient plus que des restes de cadres récemment complétés par les levées de la réquisition. Avec ces renforts on résolut de tenter une nouvelle expédition.

droite, et on fit une coupure sur la route de Madrid à 5 ou 600 toises de Tolosa.

3°. Enfin, on retrancha le château qui se trouve entre ces deux routes, et on y établit une batterie dont les feux portaient également sur l'une et sur l'autre.

CHAPITRE VIII.

Dispositions pour envelopper douze mille Espagnols dans la vallée de Roncevaux ; mouvement d'une forte colonne française par Lanz et Euguy ; une autre colonne marche par Ochagaria et Villanova ; une autre observe le front de l'ennemi ; combat de Mezquiriz ; retard de la colonne venue par Euguy ; investissement de la fonderie d'Orbaïcet ; heureuse retraite des Espagnols ; diversion à la droite ; positions des Français après cette expédition ; affaires des 4 et 5 frimaire du côté d'Ostiz ; les Français évacuent la Haute-Navarre ; ils défont le marquis de Ruby, et prennent possession d'Aspeytia et d'Ascoytia ; considérations sur cette campagne.

APRÈS l'invasion du Guipuscoa, les Espagnols auraient dû abandonner la défense de la vallée de Roncevaux, parce qu'avec des troupes peu nombreuses ils étaient hors d'état de se soutenir dans des positions éloignées de la place de Pamplune, et faciles à surprendre par un ennemi actif, entreprenant, très-supérieur en forces, et qui surtout avait rangé sous ses lois une partie considérable de territoire au delà des Pyrénées. Cependant ils ne purent s'y déterminer, soit que les riches établissemens d'Euguy et d'Orbaïcet leur semblassent d'une utilité trop précieuse pour être livrés aux troupes françaises avec tant de facilité; soit que les retranchemens formidables dont ils s'étaient couverts les rassurassent sur leur situation. Quoiqu'il en soit, à la fin de vendémiaire, les généraux français résolurent de profiter des avantages que leur offrait la plus brillante position où ils se fussent jamais trouvés. Soixante-six bataillons et quatre régimens de cavalerie composaient la force de l'armée, d'ailleurs pourvue d'une nombreuse artillerie.

Les dispositions pour l'attaque furent arrêtées. La ligne espagnole s'étendait depuis la Deva jusqu'à la vallée de Salazar, dans un espace d'environ quarante lieues. Douze mille hommes, couverts par de forts retranchemens, garnissaient la vallée de Roncevaux, deux mille étaient à Lanz, quatre mille à Lecumberry, quatre mille autres auprès de la Deva.

Le grand mouvement devait s'effectuer dans la partie gauche pour enlever le corps d'armée qui occupait la vallée de Roncevaux. Quatorze mille hommes partant d'Elizondo et de S.-Esteban devaient se réunir à Lanz, d'où, marchant à la gauche, ils prenaient poste à Burguete, se liant avec un autre corps de six mille hommes, qui, formé à Tardets, aurait franchi les montagnes d'Erroymendy et de Larrau, traversé le village d'Ochagavia, vallée de Salazar, et se serait établi à Villanova, (1) de manière que par ce mouvement circulaire, les troupes espagnoles de la vallée de Roncevaux, arrêtées dans leur retraite, observées, suivies incessamment, et pressées de front par la division de Jean-Pié-de-port, eussent été entièrement enveloppées et forcées à mettre bas les armes. On aurait profité de la ter-

---

(1) Nommé par les Basques, Irriberry.

reur qu'aurait répandu un évènement si décisif pour tenter une attaque impétueuse sur la place de Pamplune dépourvue de garnison.

En outre, pour occuper l'ennemi à la droite, neuf bataillons eurent ordre de s'avancer sur Lecumberry, pendant que six autres iraient se placer dans les positions intermédiaires entre ce village et celui de Lanz.

Le 25 vendémiaire à minuit, sept bataillons, dont deux de grenadiers et deux cent quarante hussards, se mirent en marche d'Elizondo sous le général de division Delaborde; ils arrivèrent de bonne heure au pied du col de Velate par un chemin assez beau quoiqu'inégal; on trouva au col quelques abattis et quelques retranchemens de peu de consistance. Ces obstacles furent surmontés sans peine, et la colonne, après avoir chassé devant elle un corps espagnol de deux mille hommes, descendit à Lanz à neuf heures du matin : elle y fut jointe à onze heures par sept bataillons et quatre cents dragons et hussards venus de S.-Esteban par le chemin d'Orquin. Les troupes bivouaquèrent cette nuit à Lanz, où on ne laissa qu'un bataillon. Le 26 à minuit, l'avant-garde se mit en marche; elle s'égara et ne joignit l'armée qu'à onze heures et demi sur une hauteur auprès d'Euguy; les chemins sont étroits et âpres dans cette partie : on descendit à Euguy qu'on trouva évacué. La colonne se reposa pendant deux heures sur une autre hauteur qui sépare Euguy du village de Zilbeti.

L'avant-garde se mit ensuite à la poursuite de quatre mille hommes de troupes espagnoles, qui sous F. Antonio Filianghiery effectuaient leur retraite de la fonderie d'Euguy sur le camp de Cruchespsil. Un corps de cavalerie et d'infanterie, qui accompagnait deux pièces de huit en bronze, fut surpris et dispersé dans le chemin d'Euguy à Viscarret, et les canons pris. Dans le dessein de dégager cette escorte, Filanghiery revint sur ses pas; ce mouvement lui fut funeste : attaqué sur les hauteurs de Mezquiriz, il fut entièrement défait; deux cents hommes restèrent sur la place, sept cent vingt-quatre furent faits prisonniers. Les débris de ce corps joignirent le duc d'Ossuna à Burguete. Les troupes françaises qui avaient eu ordre de prolonger leur marche jusqu'à Burguete, bivouaquèrent pendant la nuit à Viscarret. On va voir combien cette circonstance nuisit au succès de l'expédition.

Le général Castelvert avait été détaché d'Euguy avec six bataillons et quelques cavaliers pour occuper la hauteur de Zubiry, dans l'objet de couper la retraite de ce côté.

Le mouvement de l'autre colonne environnante avait commencé le 25 vendémiaire à une heure après minuit. Le 23, sept bataillons s'étaient réunis à Tardets, sous les ordres du général de division Marbot, ayant avec lui le général de brigade Roucher et les adjudans-généraux Junker et Morand. Le 24 on marcha sur Larrau, d'où le départ s'effectua le lendemain sur trois colonnes : celles de gauche et du centre se dirigeant vers Ochagavia par Jalsu et par la route directe, celle de droite s'avançant vers les montagnes d'Abody. Don Manuel Cagigal, qui commandait les troupes espagnoles à Ochagavia, chercha à disputer le terrein le plus longtems qu'il lui fût possible; mais ses efforts ne purent retarder la marche des Français, qui entrèrent dans Ochagavia le même jour 25 vendémiaire. Le 26, les colonnes de gauche et du centre réunies se portèrent par le chemin le plus court, en évitant les villages, sur Villanova qu'elles occupèrent après avoir mis en fuite un détachement d'environ trois cents hommes : les avant-postes furent poussés jusques auprès de Burguete. La colonne de droite, qui avait bivouaqué sur la montagne d'Abody dans la nuit, en suivit la crête le 26 jusques vis-à-vis le village d'Orbaïcet, d'où elle descendit dans la vallée d'Ahescoa; de là, tournant à droite, elle fut investir la fonderie d'Orbaïcet.

On conçoit sans peine, à la vue des positions occupées par les deux grandes colonnes, le 26 au soir, que l'espace compris entre Viscarret et Burguete est vide, et que l'ennemi peut effectuer sa retraite par cet intervalle.

Tout le front de l'armée française, formé par la division de Jean-Pié-de-Port, devait pour se mouvoir attendre que l'entier mouvement fût accompli. La lacune laissée dans la ligne d'investissement par la division du général Delaborde avait rendu une partie de ces dispositions sans objet; mais comme cet incident était ignoré, les ordres donnés auraient dû être exécutés. Cependant, dès le 26 vendémiaire au matin, trois bataillons campés à Mizpira, sous les ordres du général de brigade Castelpers, se jetèrent sur les postes avancés du camp de Cruschespil (1), défendu par plus de trois mille hommes. Les ennemis chancelèrent un moment ; mais revenus de leur première frayeur et renforcés par six cents hommes venus d'Atalosty (2), ils renversèrent à leur tour les Français, et, dans une poursuite vive, leur tuèrent ou blessèrent plus de quatre cents hommes. Le général de brigade Digonet, placé avec trois bataillons sur les hauteurs d'Almandoz, aperçut à midi la tête de la colonne de Delaborde défilant sur le chemin d'Euguy : il crut que c'était l'ennemi en retraite,

---

(1) Ce camp était sous les ordres du colonel Figaroa.

(2) Frias commandait à Atalosty.

Delaborde étant supposé être déja près de Burguete; il descendit donc au village d'Euguy, et fut fort étonné d'y rencontrer les Français. Dans cette même persuasion, le général de brigade Dumas attaqua la fonderie d'Euguy, dont il s'empara après une assez vive résistance. La partie de la division de Jean-Pié-de-Port, où se trouvaient le général en chef Moncey et le général de division Mauco, s'était établie dès le 25 sur le plateau d'Iéropil, vis-à-vis la fonderie d'Orbaïcet. (1)

Ainsi que nous l'avons dit, le général de brigade Roucher avait investi cette

---

(1) La fonderie d'Orbaïcet était située dans une gorge étroite et entre des montagnes très-élevées. Un ruisseau qui la baigne va se jeter dans l'Irati, à peu de distance de là. Les édifices de cet établissement étaient fort vastes, et occupaient la largeur entière de la gorge. L'eau nécessaire aux travaux arrivait par des conduits construits sur le chemin. On y fondait des boulets.

Les Espagnols n'avaient rien épargné pour rendre cette position respectable. Du côté de Jean-Pié-de-Port on en avait défendu les approches par des redoutes construites sur les montagnes d'Urculu et d'Altobiscar, sur les ports d'Orbaïcet et de Ronce-

même fonderie du côté de la vallée d'Ahescoa. Il avait ordre de sommer la garnison, et de l'attaquer si elle ne se rendait pas sur le champ. Le corps placé à Iéropil n'attendait que le siflement d'une balle pour descendre à Orbaïcet. La sommation fut faite et la garnison menacée, en cas de résistance, d'être passée au fil de l'épée : le commandant du fort, le marquis de la Cannada Ibannez, répondit verbalement que *la générosité française ne se démentirait pas à son égard*. Roucher n'attaqua point; le corps de Iéropil dut rester dans ses positions, et, pendant la nuit, la garnison d'Orbaïcet, forte de deux mille quatre cents hommes, fit sa retraite en silence par le pas de Navala, et se rendit à Burguete et delà à Aoyz.

Le duc d'Ossuna y était déja arrivé avec les troupes de Roncevaux et de Cruchespil

---

vaux; les derrières étaient également bien fortifiés, et toutes les hauteurs environnantes étaient couvertes de retranchemens palissadés, terminés à l'extrémité par des ouvrages en bois, munis de canons, et dont le feu plongeait sur le chemin d'arrivée, et sur celui qui conduit à Burguete.

au nombre d'environ neuf mille hommes. Il faudrait voir dans la relation même de cet officier-général les embarras extrêmes où il se trouva par l'attaque simultanée des Français sur son front et sur ses deux flancs. A peine envoyait-il des renforts d'un côté, qu'on lui annonçait qu'un autre était vivement attaqué. Il vit le danger de sa position, et saisit avec habileté le seul moyen de retraite que lui laissait l'intervalle qui séparait les deux grandes colonnes. Il partit de Burguete le 26 vendémiaire à huit heures du soir, et traversant la petite vallée d'Arce par une espèce de sentier d'une âpreté inconcevable, il arriva heureusement à Aoyz le lendemain. Dans leur retraite, les Espagnols livrèrent aux flammes le village de Burguete, le plus beau de tous ceux de la vallée de Roncevaux et le dépôt principal de leurs approvisionnemens. (1)

Cependant la division de droite exécutait la diversion dont elle avait été chargée.

---

(1) L'antique monastère de Roncevaux, où l'on conservait la massue de Roland et les pantoufles de l'archevêque Turpin, fut en partie incendié par accident.

Cinq bataillons, sous les ordres du chef de brigade Leferron, partirent d'Andoain le 24 vendémiaire, et se portèrent sur les hauteurs d'Arezo, tandis que quatre autres, commandés par le général de division Frégeville, se dirigeaient de Tolosa sur le même point. Le lendemain 25, Frégeville, après une résistance assez vive, s'empara du village de Gorriti, défendu par quinze cents Espagnols. Il s'avança ensuite vers Lecumberry par le grand chemin, et Leferron marcha à sa gauche par la crête des montagnes. Lecumberry était évacué, et nos troupes s'y établirent.

Le dernier corps d'armée en mouvement, composé de six bataillons, ayant à sa tête le général de brigade Pinet, n'avait d'autre but que de lier la division de droite avec celles de la gauche (1). Le départ de cette colonne eut lieu d'Oyarzun le 25 vendémiaire à minuit. Le lendemain

---

(1) On nous a rapporté cependant que Pinet avait ordre de se porter vers Latassa, pour fermer la retraite aux troupes de Lecumberry; les guides l'égarèrent.

elle chassa du village de Goyzueta trois à quatre cents paysans armés qui s'y étaient rassemblés, et après une marche extrêmement pénible, à travers les montagnes, elle alla bivouaquer sur les hauteurs du Zubieta. Le 27, à une heure du matin, elle quitta cette position, et, traversant toujours les montagnes, elle arriva à dix heures du soir sur les hauteurs de Gascue, de Guelbenzu et d'Arostéguy. Elle ne cantonna dans les villages que plus de dix jours après son arrivée.

Tel fut le résultat de cette expédition, sur laquelle on avait fondé de si hautes espérances. Les incidens, surtout dans un pays de montagnes, sont presque toujours l'écueil des plus beaux plans militaires (1). La perte des Espagnols monta à environ

---

(1) On doit croire cependant que d'autres causes s'opposèrent au succès des diverses expéditions qui ont eu lieu pendant cette guerre pour envelopper des corps ennemis; le peu de connaissance du pays, la multiplication des colonnes en mouvement, trop peu de soin à se tenir en mesure continuelle d'agir, peut-être trop d'indiscrétion dans les confidences, avant l'entier développement des opérations.

quinze cents hommes tués ou prisonniers ; celle de l'armée française n'alla pas à moins de cinq cents. Les fonderies d'Euguy et d'Orbaïcet furent entièrement détruites, et nous nous emparâmes de cinquante pièces de canon et d'un approvisionnement considérable de fourrages.

Après l'issue peu décisive de cette entreprise, on resta quelques momens dans l'incertitude sur le parti qu'on devait prendre. La prise de Pamplune flattait trop tous les esprits pour qu'on se déterminât entièrement à en abandonner l'idée. Cependant l'artillerie n'était point prête pour un siège de cette importance, les approvisionnemens étaient peu abondans, les transports insuffisans, les chemins très-difficiles, et, par dessus tout, la mauvaise saison était arrivée. Le général en chef penchait pour une prompte retraite ; les représentans du peuple s'opposèrent à ses desseins par un arrêté formel.

L'armée agissante fut alors séparée en quatre divisions : la première, sous les ordres du général Frégeville, occupait Lecumberry ; la seconde, sous le général Marbot, remplissait l'espace compris entre Lecumberry et Olague; ses avant-postes furent poussés jusqu'à Gascue, Latassa, et en avant d'Ostiz : la troisième s'étendait depuis Larrosoain (1) jusqu'à Viscarret, et était commandée par le général Delaborde ; la quatrième était répandue dans les villages de Burguete, Roncevaux, Aribe, Garralda, Orbaïcet, Orbara et Villanova (ce dernier au delà de l'Irati), sous les ordres du général Mauco.

Dans cette position pénible, les troupes furent peu inquiétées. Du côté de Villanova, tout se réduisit à l'incendie de quelques villages; sur le reste de la ligne, il n'y eut rien d'essentiel jusqu'au 4 frimaire. Ce jour-là le général Marbot fit attaquer les Espagnols sur tous les points qui lui étaient opposés. A sa droite, le général de brigade Pinet, avec deux bataillons et soixante dragons, emporta le village de Navaz après une assez vive résistance ; mais ce mouvement fut suivi d'une prompte retraite, parce que la gauche avait été re-

---

(1) Ou Larrasoanna.

poussée.

poussée. Les Espagnols y avaient porté leurs forces principales, et après avoir chassé les Français des villages de Sorauren, Olague, Olaïz, ils les poursuivirent jusques sur les hauteurs d'Ostiz, où ils s'arrêtèrent. Ce n'était pas sans quelque crainte que les Français, découragés, harassés de fatigue et dépourvus de munitions, attendaient le jour suivant. L'attaque recommença de bonne heure avec une nouvelle fureur. Les Espagnols semblaient reprendre leurs avantages de la veille, lorsqu'un bataillon basque, détaché de Zubiri, vint, à travers les montagnes, les prendre par derrière; ce fut alors une déroute générale de leur part. Près de six cents restèrent sur le champ de bataille; on fit très-peu de prisonniers; la plupart de ceux qui étaient tombés vivans entre les mains des Français, furent impitoyablement massacrés après l'action. Une loi avait ordonné la guerre à mort, et elle fut exécutée dans cette occasion. Des guerriers humains (1) sauvèrent la vie à

---

(1) On doit citer le chef de brigade des Basques, Harispe.

quelques hommes, en les faisant passer pour déserteurs. Environ quatre cents Français furent mis hors de combat pendant ces deux journées. (1)

Cependant de toutes parts se faisait sentir la nécessité d'abandonner d'aussi rudes positions. Les chemins devenaient de plus en plus impraticables, les transports étaient ruinés, et les soldats exténués par le défaut fréquent de nourriture, et par les eaux corrosives des montagnes; nuds et misérables, ils se jetaient en foule dans les hôpitaux. (2) Le général en chef reçut enfin du comité de salut public l'autorisation nécessaire pour suivre ses propres conseils et non les volontés des

---

(1) Les habitans de Pamplune regardant la défaite des Français comme certaine, étaient sortis en foule de la ville, pour jouir de ce spectacle. Au moment où la fortune se déclara contre les armes espagnoles, pleins d'épouvante, ils se précipitèrent en tumulte vers la ville, croyant déjà voir sur leurs remparts l'agile chasseur de Baygorry.

(2) En 1512, une armée française, commandée par le duc de Valois, depuis François Iᵉʳ., fut presqu'entièremet détruite dans les mêmes lieux, et pour les mêmes causes.

représentans. En conséquence il expédia l'ordre de retraite fixée au 9 frimaire. Dans la vue toutefois de la rendre facile et honorable, il fit partir de Lecumberry, le 6 frimaire, avec six bataillons, le général de division Frégeville, chargé de couper la retraite à un corps d'environ quatre mille hommes campés sur les hauteurs de Bergara, sous les ordres du marquis de Ruby. Le 7, quatre bataillons se mirent en marche de Tolosa et deux autres de Guetaria pour attaquer l'ennemi par son front. Frégeville coucha le 6 à Lacunza, le 7 près de Salvatierra, le 8 à Ségura, le 9 à Anzuola, et n'arriva à Bergara que lorsque les deux autres colonnes réunies avaient déjà battu les ennemis. Le 8, les grenadiers, sous les ordres de Gravier, avaient engagé l'action, qui n'avait été ni longue ni meurtrière ; mis en pleine déroute, les Espagnols avaient fui dans la plus grande confusion, laissant cent cinquante morts sur le champ de bataille, deux cents prisonniers, une pièce de canon et quatre drapeaux entre les mains des Français. Il est probable que si, par diverses circonstances, la marche du général Frégeville, qui devait se prolonger sur Salinas et Mondragon, n'eût été changée, le corps du général Ruby eût été entièrement enlevé. Bergara fut pillé. Les Français prirent alors possession d'Aspeytia et d'Ascoytia.

Le 9 frimaire, toutes les divisions de l'armée effectuèrent leur retraite, le reste de celle de droite (1) sur Tolosa, celle du général Marbot sur Lesaca et les Cinco-Villas, celles de Delaborde sur la vallée de Baztan, et enfin celle du général Mauco sur Jean-Pié-de-Port par Orisson et les Aldudes ; nulle part les Espagnols ne cherchèrent à y porter obstacle.

Le 17 frimaire, le citoyen Harriet, chef du 1er. bataillon des chasseurs Basques, revenant de l'expédition de Bergara, eut ordre d'occuper Gaztelu, village à une lieue et demie à la gauche de Tolosa : il y trouva les Espagnols ; une fusillade très-vive s'engagea, à la suite de laquelle Harriet chassa

---

(1) Cette division avait été renforcée par plusieurs bataillons venus de la gauche.

les ennemis du village, et les poursuivit jusqu'auprès de Gorriti.

Ainsi finit la deuxième campagne de l'armée des Pyrénées occidentales.

Des évènemens extraordinaires avaient changé la face des choses et fait pencher tous les avantages du côté des Français: le nombre de leurs troupes s'était accru prodigieusement, l'esprit militaire s'était affermi, et un gouvernement terrible avait ramené de l'ensemble dans toutes les opérations.

Les positions des Espagnols étaient belles, mais leur extrême étendue les rendit faibles en plusieurs points.

Prompts à profiter de leur supériorité, les Français percèrent aisément cette ligne de défense là où ils dirigèrent leurs efforts. Dès qu'ils furent introduits sur ses derrières, ils ouvrirent tous les passages en les tournant successivement.

Les Espagnols firent deux fautes graves pendant cette campagne : la première fut d'avoir laissé sans défense les places de Fontarrabie et de St.-Sébastien ; la deuxième fut d'avoir resté dans la vallée de Roncevaux après leurs premiers revers.

L'occupation de St. Sébastien et de Fontarrabie ouvrait la droite aux Français, et l'armée de Roncevaux fut sur le point d'être prise toute entière.

Quand on avait un appui aussi formidable que Pampelune, il n'y avait pas d'inconvénient à abandonner un pays presque désert à l'ennemi.

On peut comparer la conduite des Espagnols, pendant cette campagne, avec celle que les Français avaient tenue au commencement de la précédente : mêmes fautes, mêmes revers. Des travaux immenses, et tout l'art des fortifications mis en usage (1), ne purent balancer le désavantage du nombre et celui d'une défense trop étendue. Dans le pays où combattaient les Espagnols contre un ennemi dépourvu des moyens de faire un siège en règle, tous leurs soins auraient

_____

(1) On a remarqué que les Espagnols plaçaient ordinairement leurs redoutes et batteries sur des cimes très-élevées, et qu'ainsi leurs feux, mal dirigés à de grandes distances, perdaient de près tout leur effet.

dû se tourner vers les places de Pamplune, Fontarrabie et Saint-Sébastien. Leur armée, réunie dans une position inaccessible, aurait pu alors profiter de mille circonstances favorables qui se seraient vraisemblablement présentées. (1)

---

(1) Machiavel, dans ses Décades de Tite-Live, examine cette question : « Lorsqu'un ennemi vient » avec une grande supériorité de forces vous assaillir » dans un pays environné de montagnes, faut-il » ou ne faut-il pas lui disputer le passage ? » Il le faut, dit-il, lorsqu'il n'y a qu'un seul passage où vous pouvez aisément rassembler et maintenir vos forces : dans tout autre cas il vaut mieux ou aller au devant de l'ennemi, ou l'attendre dans l'intérieur du pays. C'est ainsi que les Romains en usèrent deux fois avec Annibal : la première en lui laissant passer les Alpes, la seconde en lui permettant le passage de l'Appennin.

C'est ainsi qu'en 1536 le connétable de Montmorency laissa à Charles V l'entrée libre dans la Provence, et se campa dans la plaine d'Avignon.

Mais ce qui confirme encore mieux les préceptes de Machiavel, dit le comte Algarotti dans ses lettres militaires, c'est qu'ils furent suivis, en 1745, par le Grand Frédéric, lorsque toutes les forces de la maison d'Autriche menaçaient de fondre sur

K 4

Mais s'ils crurent, après avoir perdu leur supériorité, que les mêmes moyens de défense devaient les mettre en sûreté, les évènemens de cette campagne durent les instruire de leur erreur : des hasards heureux sauvèrent seuls l'armée espagnole d'une entière destruction.

---

lui. Il les attendit au delà des montagnes, dans la plaine de Strieg, et remporta une victoire complète.

TROISIÈME CAMPAGNE,
1795.

CHAPITRE IX.

Épidémie dans l'armée, suivie de la disette ; échec des Français repoussés jusqu'à Alégria ; le prince de Castel-Franco, nouveau général en chef Espagnol; camps établis à Iziar et à Aldava ; embrigadement des bataillons ; les Espagnols chassés de la montagne de Marquirnechu ; bruits de paix ; une escadre espagnole sur les côtes de Biscaye ; destitution de plusieurs généraux ; nouvelle expédition résolue ; position des Espagnols.

A peine l'armée eut-elle pris ses cantonnemens qu'une maladie épidémique exerça les plus furieux ravages. Elle paraît avoir été occasionnée par l'encombrement des hôpitaux, car les plus habiles officiers de santé y ont reconnu tous les symptômes de cette fièvre d'hôpital, si bien décrite par *Pringle*. Quoiqu'il en soit, des bords de la Deva à ceux du Gers, ce fléau destructeur moissonna une multitude d'hommes : tous les chemins étaient couverts de charettes découvertes qui, au milieu des neiges, traînaient ces soldats naguères si fiers, maintenant mourans et sans voix : les évacuations se faisaient souvent ainsi sur une ligne de plus de cent lieues. En un seul jour vingt hôpitaux étaient pleins. Les officiers de santé, les employés, les servans y périssaient en foule avec les malades. Le père n'osait recueillir qu'en tremblant les derniers soupirs de son fils, et pressé dans ses bras il allait répandre dans sa famille les poisons qu'il y avait puisés : vous ne trouviez dans les villes que des hommes épouvantés par les sombres images de la mort, attendant le lendemain le coup funeste qui venait de frapper les plus chers objets de leur affection. Des bourgs, des villages furent presqu'entièrement dépeuplés. Tant de calamités avaient durci les cœurs et éteint toute sensibilité; on fuyait à la vue des malheureux étendus sur les routes, et qui imploraient un faible secours dans leur agonie. Parvenaient-ils à se traîner aux premières habitations, on leur refusait l'hospitalité; on croyait voir à leur suite toutes les horreurs de la contagion; ils exhalaient leur dernier soupir dans les tourmens de la solitude et de l'abandon.

Nous ne nous sommes point livrés à de vaines déclamations dans ce tableau; des faits innombrables en appuient la vérité, et notre ame ne cherche point à aggraver par des fictions la douleur de ses souvenirs.

On peut porter au moins à trente mille le nombre de victimes que cette épidémie immola dans l'armée et dans les pays voisins pendant un espace de trois mois. Ce fléau durait encore lorsque la disette vint y ajouter ses horreurs. Dans les villes voisines de l'armée, des pommes de terre étaient la seule nourriture de l'habitant. Dans l'armée on fut forcé de suspendre la fourniture du pain et de le remplacer par du riz, aliment peu substanciel pour des hommes qui se fatiguent beaucoup. (1) Les soldats souffrirent ces privations avec la résignation la plus exemplaire ; et l'on doit citer, comme un rare exemple de leur patience et de leur dévouement, cette conduite de la garnison de St.-Sébastien qui, tourmentée par la faim, sans moyens de l'appaiser, n'attenta jamais à la propriété des vaincus pour qui des pains blancs de la plus grande beauté étaient étalés chaque jour sur les places, et dans toutes les boutiques. (2)

L'extrême affaiblissement de l'armée faisait appréhender avec raison que l'ennemi ne cherchât à en profiter. Du côté d'Aspeytia surtout, où les meilleurs soldats étaient en proie aux maladies, où nos positions étaient très-exposées et la retraite difficile,

---

(1) Le riz nourrit très-peu, et comme disent les nègres, il tourne en eau dans le ventre.

(2) On avait alors des ménagemens extraordinaires pour les habitans du pays conquis. D'ailleurs il ne se forma jamais à St. Sébastien, pendant la conquête, aucun magasin de grains ; on les faisait venir en fraude et par petites quantités, des contrées occupées par l'ennemi.

on s'attendait tous les jours à une attaque ; mais les Espagnols se défièrent trop de leurs forces, et n'osèrent rien entreprendre.

A la fin de ventôse les corps, quoique peu nombreux, s'étaient refaits, et l'humeur entreprenante des Français commença à se réveiller. Le 29 germinal, il formèrent le projet d'enlever la compagnie d'Ubeda, postée auprès d'Ascarate. Une colonne, sous les ordres du général de brigade Merle, partit de Tolosa le 30 ventôse, à dix heures du soir, se dirigeant sur Villafranca, et de là sur Ascarate, tandis que le général Roucher, avec une seconde colonne, se portait sur la même position par Gaztelu et Lizarza. Merle enleva dabord un avant-poste de huit hommes ; mais sa colonne, s'étant engagée trop avant, sans être soutenue par celle de Roucher, fut culbutée par les Espagnols qui la poursuivirent jusqu'à Alégria. Roucher ne fut point inquiété dans sa retraite.

Le chef du 1º. bataillon de la 5ª. demi-brigade d'infanterie légère Durand, deux capitaines, et six sous-officiers et volontaires du même corps, furent faits prisonniers.

Le comte de Colomera quitta au mois de germinal le commandement de l'armée espagnole ; il fut remplacé par le prince de Castel-Franco.

Dans le mois de floréal, les Français établirent un camp de trois bataillons à Iziar, non loin de la Deva, et un autre de deux bataillons à Aldava, pour protéger la communication de Tolosa avec Aspeytia.

On embrigada dans le même tems tous les bataillons restés jusqu'alors séparés. Deux bataillons de chaque demi-brigade furent nommés bataillons de campagne. Le 3.e était le bataillon de réserve, où étaient placés les hommes les moins robustes, et servait à la garde des places.

Le 20 du même mois, le général Marbot exécuta avec succès une entreprise contre un camp que les Espagnols avaient établi sur la montagne de Marquinechu, entre Elosua et Elgoybar. Tandis que le général de brigade Raoul, avec les troupes d'Iziar, inquiétait l'ennemi sur les bords de la Deva, deux colonnes sorties d'Aspeytia attaquèrent le camp à cinq heures du matin. Une brume épaisse, qui dérangea l'ordre des mouvemens, sauva une partie des ennemis, dont vingt furent tués et cinquante faits prisonniers. Les tentes et les autres effets de campement devinrent la proie des Français. Le général Schilt, qui commandait une des deux colonnes, s'égara dans sa retraite et gagna Elgoybar, croyant arriver à Ascoytia; il se dégagea avec beaucoup de valeur et rentra sans perte dans ses quartiers.

Des bruits de paix se répandirent ensuite dans l'armée. La présence du marquis d'Iranda, arrivé à St.-Sébastien sous le prétexte d'affaires particulières, semblait autoriser toutes les conjectures à ce sujet, d'autant plus que, dans le même tems, le général Servan, envoyé à Bayonne avec le titre pompeux d'inspecteur-général de l'armée, charge qu'il n'exerçait point, s'abouchait fréquemment avec d'Iranda. Le général en chef, dans l'ordre général de l'armée, avertit de ne point ajouter foi à cette conciliation prochaine, et une escadre espagnole, qui parut sur les côtes du Guipuscoa, ayant enlevé divers navires caboteurs, les rumeurs de paix s'évanouirent. (1)

Le 21 prairial, un arrêté des représentans du peuple prononça la destitution des généraux Frégeville, Marbot, Laroche, Roucher, Pinet, de l'adjudant-général Mutelé et du citoyen Gros, chef du 7e. bataillon du Gers. Plusieurs de ces officiers laissèrent une mémoire honorable dans l'armée.

Cependant on avait résolu une nouvelle expédition, et ainsi qu'il est arrivé pendant toute la guerre, le bruit en circulait partout d'avance. (2) D'ailleurs la nécessité où l'on se trouvait dans ces circonstances, de recourir à des demandes extraordinaires de transports dans le pays conquis, ne permettait pas une entière discrétion. Nous

---

(1) Ces négociations étaient réelles; il est remarquable que les deux gouvernemens traitassent ainsi à la fois à Bâle et à Bayonne.

(2) On cherchait à cacher le moment où les grands mouvemens devaient s'exécuter; mais la veille précise vous voyiez arriver dans les cantonnemens une multitude d'hommes et de femmes attirés par l'espoir du butin.

devons

devons dire à ce sujet que la députation du Guipuscoa acquit les plus grands droits à la reconnaissance des Français, par la manière dont elle remplit les obligations imposées par le vainqueur, et circonstance vraiment remarquable, mais qui soulage l'homme sensible au milieu des ravages de la guerre, elle mérita aussi la reconnaissance de ses concitoyens. Nous étions sur les lieux, et nous pouvons attester que les soins et le généreux dévouement de ses membres n'ont pas peu contribué à écarter des contrées envahies les fléaux de la guerre et les violences arbitraires que l'absence des autorités n'eût pas manqué d'entraîner.

Cette modération de notre part et les propositions conciliantes faites à la Biscaye, prête à être envahie, firent abandonner les drapeaux à une partie de l'armée espagnole de Guipuscoa, forte de 15000 hommes et qui fut ainsi réduite à neuf mille. Cette armée occupait Elosua, Bergara, et s'étendait sur les rives de la Deva, dont le passage était défendu par des redoutes garnies de canons : elle était sous les ordres du lieutenant-général Crespo.

Une seconde armée, d'une force à-peu-près égale, et commandée par Filanghiery, protégeait la Navarre et avait pris position à Lecumberry, par où passe le grand chemin qui conduit à Pamplune. Elle s'était couverte de retranchemens considérables, avait crénelé plusieurs maisons et défendu les passages, surtout celui d'Arruiz, par des abattis.

CHAPITRE X.

Passage de la Deva par les Français; ils font évacuer la position d'Elosua en la tournant; une manœuvre semblable les rend maîtres de Lecumberry; combat d'Irurzun; marche de deux colonnes dans la Biscaye et l'Alava; fuite de Crespo; prise de Vitoria et de Bilbao; affaire de Miranda; combat d'Ollarreguy; situation des divisions de gauche pendant cette campagne; traité de paix conclu à Bâle; considérations sur ce traité et sur cette dernière campagne; retour des troupes en France.

Le 10 messidor, cinq bataillons et demi, sous les ordres du général de brigade Raoul, se mirent en marche du camp d'Iziar sur quatre colonnes. Le chef de brigade Monroux, à la tête de la première, s'engagea dans un gué au dessus de Sasiola, d'où il fut forcé de rétrograder, les soldats ayant de l'eau jusqu'au cou. Deux cent cinquante chasseurs trouvèrent un passage moins difficile à la gauche, et y passèrent les premiers. Suivis bientôt par le reste des troupes, ils mirent l'épouvante parmi les Espagnols, qui abandonnèrent leurs redoutes avec précipitation. Neuf pièces de canon et un drapeau furent les trophées de la victoire. Nous n'eûmes qu'un officier tué et douze soldats blessés.

Cette colonne resta sur les hauteurs de Motrico jusqu'au 23 messidor.

Le 11, le général de brigade Willot, avec dix bataillons, partagés en deux colonnes, fit un mouvement sur le front, et la gauche d'Elosua et une troisième colonne partie de Tolosa, se dirigea sur Villaréal.

Ce mouvement combiné avait pour objet d'enlever le corps Espagnol qui occupait Elosua; mais Crespo, prévenu à tems de la marche des Français, effectua sa retraite, le 11 au matin, par Villaréal et gagna Salinas.

Le 15, on devait faire une manœuvre

semblable pour envelopper le corps de Filanghiery; l'investissement devait se former par quatre côtés différens.

Dès le 13, la division du général Willot était en marche, et le 14 au soir, elle vint se former en avant de Tolosa.

Le même jour, 14, une colonne de six bataillons, conduite par le général de brigade Merle, défila de Tolosa sur Lecumberry par le grand chemin, tandis qu'une autre colonne de cinq bataillons, sous le général de brigade Morand, se dirigeait par Goñiti vers la même destination.

Une quatrième colonne de sept bataillons, partie de S.-Esteban avec le général de brigade Digonet, se rendait le même soir à Verrueta, à travers le pays ennemi.

Le 15, au lever du soleil, presqu'au même moment, les quatre colonnes débouchèrent sur Lecumberry : celles de Willot et de Morand aux deux flancs, celle de Merle de front, celle de Digonet par derrière, tournant le village d'Arruiz; mais l'ennemi avait effectué sa retraite pendant la nuit, et s'était replié vers sa seconde ligne, sur les hauteurs d'Irurzun.

Cette position était très-forte naturellement, et elle avait l'avantage de conserver la communication libre entre les deux divisions de l'armée ennemie.

L'avant-garde des Espagnols occupait Irurzun et ses environs, leur gauche était appuyée au bois d'Ozquia, le centre fermait le grand chemin, et leur droite s'étendait sur les hauteurs jusqu'à Berrioplano.

Le 18 thermidor, dans la nuit, trois colonnes marchèrent de Lecumberry à la file l'une de l'autre sur le grand chemin. Au village de Latassa, elles se séparèrent : la première, de trois bataillons, sous les ordres du général de brigade Merle, gravit la haute montagne, qui est à la droite du grand chemin et déboucha sur Irurzun, comme si elle fût arrivée de Vitoria : trois compagnies de carabiniers et trois bataillons, commandés par le chef de brigade Harispe, passèrent par la montagne de la Trinité et se dirigèrent vers Aizcorbe. Une troisième colonne, de deux bataillons et de cent cinquante cavaliers avec deux pièces d'artillerie, suivit le grand chemin sous les ordres du général de brigade Willot, commandant l'expédition. Une quatrième colonne était composée de cinq bataillons, et avait à sa tête le général Digonet : son mouvement étendu à la gauche de Gulina et d'Aizcorbe avait le double but de tourner l'avant-garde espagnole et de lui fermer le secours du grand corps d'armée ; elle devait aussi assurer la retraite, en cas de besoin.

A l'approche de nos colonnes, l'avant-garde espagnole abandonna Irurzun et ses environs; les troupes légères, sous Harispe, débusquèrent un corps de Catalans d'un mammelon qu'il occupait entre Irurzun et Aizcorbe, et le chassèrent vivement au-delà de ce dernier village. (1) Cette chaleur dans la poursuite, faillit être funeste à ces troupes ; car elles étaient restées à découvert, et n'étaient soutenues que par un bataillon de grenadiers, commandé par Branaa, de la brigade du général Digonet. Quelques carabiniers basques s'étant jetés

____

(1) Le chef de bataillon basque Harriet fut grièvement blessé au pied en combattant avec la plus grande bravoure.

sur deux pièces d'artillerie que les Espagnols faisaient avancer sur le grand chemin, trois escadrons ennemis parurent tout-à-coup et les forcèrent de se jeter dans les bois qui bordent le grand chemin. Ce mouvement étonne Digonet; au lieu d'appuyer Harispe avec le reste de sa colonne, il lui envoie l'ordre de rétrograder. L'infanterie espagnole se montre alors de toutes parts pour inquiéter cette retraite, qui s'effectuait avec un peu de confusion; elle est arrêtée au dessus de Gulina par le bataillon des grenadiers, commandé par Branaa. En vain, les Espagnols trois fois plus nombreux, enveloppent presqu'entièrement ces braves grenadiers, et s'efforcent de les rompre; un feu terrible et continuel leur défend d'approcher. Dans ce moment, la cavalerie espagnole s'avance sur le grand chemin pour couper la retraite aux grenadiers, ainsi qu'au corps de Harispe; mais le général Willot était là, et sa contenance fière en impose à cette cavalerie; elle hésite et rétrograde. Une seconde tentative lui est funeste, car tandis que Willot, à la tête d'un bataillon de grenadiers, la baïonnette au bout du fusil, la défie au combat, les chasseurs basques, réfugiés dans les bois sur les deux côtés du chemin, tuent ou blessent beaucoup d'hommes dans ses rangs. Enfin Harispe ayant rallié les chasseurs basques, grace à la résistance de Branaa, les Espagnols se replièrent de toutes parts sur leurs positions : à trois heures, Harispe rentra dans Aizcorbe. La cavalerie française, jetée sur la gauche, ne combattit point. (1) Les Français établirent leur centre à Irurzun, leur droite au pied du col d'Ollarréguy, et leur gauche à Aizcorbe et sur les hauteurs voisines. Dans cette action, nous eûmes environ quatre-vingts hommes mis hors de combat, et les Espagnols trois cents, y compris les prisonniers.

Cependant le général Crespo, après l'abandon des bords de la Deva, avait pris position à Salinas de Guipuzcoa, et pour

---

(1) Un sous-inspecteur des vivres, se prétendant porteur des ordres de Willot, avait entraîné, dit-on, cette cavalerie à la poursuite de quelques chasseurs d'Ubéda, compagnie formée toute entière de contrebandiers.

éviter un nouvel investissement, il fit occuper les hauteurs d'Elgueta jusqu'au mont S.-Antonio, et les points de Satul et de Tellerant, qui semblaient lui assurer les débouchés de la Biscaye et de la Navarre.

L'occupation d'Irurzun par les Français fermait ce dernier débouché. Le projet fut formé d'environner l'armée de Crespo.

Une division des troupes d'Aspeytia, unies à celles qui avaient passé la Deva, et formant ensemble 4500 hommes, sous les ordres du général de division Dessein (1), partit d'Elgoybar le 24 messidor. Le soir, elle fut rendue à Eybar; le lendemain, à une heure de marche d'Eybar, on rencontra la gauche de l'armée de Crespo, qui défendait l'approche du village d'Ermua; le passage fut ouvert sans beaucoup d'efforts, et on s'empara de toute l'artillerie ennemie, composée de treize pièces de canon. Dans la nuit du 24 au 25 la division prit position à Durango, où étaient déposés les approvisionnemens

---

(1) Cette colonne n'avait d'autre artillerie que deux petits canons, appelés vulgairement *Républicains*. Vingt cavaliers seulement la suivaient.

de l'armée de Crespo. On y trouva entre autres effets, douze pièces de canon et seize milliers de poudre ; tout ce qui ne put être emporté fut détruit ou jeté dans la rivière. Le 25, on arriva à Villaréal d'Alava : le 26, à dix heures du matin, une partie de l'armée de Crespo parut sur une montagne à la gauche d'Urbina. Une vive fusillade s'engagea ; mais quelques tirailleurs ayant gagné le flanc gauche de l'ennemi, tandis qu'un bataillon posté dans un bois attaquait sa droite, celui-ci se retira. Le général Dessein fit enlever, le soir, le village d'Ayorrabe, où il s'établit, ainsi qu'à Mendibil, attendant l'arrivée de la division de Willot.

Le 25 messidor, une colonne de trois mille cinq cents hommes et de cent chevaux, sous les ordres du général divisionnaire Willot, avait marché d'Irurzun sur Alsasua par Villanueba, Huarte-Araquil et Arbiza. Le 26, en continuant sa route, elle avait débusqué des hauteurs d'Oysogueta un corps espagnol d'environ huit cents hommes, et brûlé un camp barraqué : elle avait couché à Salvatierra. Le 27, elle se remit en marche, et déboucha entre le village de Salinas et celui d'Ullibarri-Gamboa, l'un et l'autre occupés la veille par les Espagnols.

Crespo avait vu le danger qui le menaçait : resté longtems dans l'incertitude sur le point de retraite qu'il devait choisir, et que les marches rapides des Français changeaient à chaque moment, il avait, le 26, fait reconnaître à la fois les chemins de Vitoria et de Mondragon. Il avait trouvé la division de Dessein sur le premier, mais le second était libre, et en conséquence repliant toutes ses troupes, il se rendit à grandes marches à Bilbao, en suivant les hauteurs, et passant par Durango.

Dès que les généraux français eurent avis de cette retraite, ils détachèrent quelques troupes pour l'inquiéter.

Le 26, le général Dessein avait détaché sur Vitoria son avant-garde, aux ordres du général de brigade Schilt, et le 27, il entra dans cette ville avec toute sa division.

Il se remit en marche, le 28, dans la nuit, et le 29, après avoir effectué sa jonction avec le général Willot, il gagna Orduna, et le lendemain Miravalles.

Crespo n'avait pas attendu les Français; il quitta Bilbao le 30, se retirant sur Pancorbo, dans la vieille Castille.

Le 1er thermidor, les Français entrèrent dans Bilbao. (1)

---

(1) La Biscaye renferme une population de cent quatorze mille huit cent soixante-trois habitans, d'après le cadastre de 1787. C'est en général un pays peu fertile, et montueux. On y trouve des mines de fer et de plomb. Des rades excellentes bordent la côte; et la ville de Bilbao, heureusement placée pour recevoir les denrées et marchandises étrangères, et pour en opérer la circulation dans l'intérieur, a acquis un haut degré de splendeur. Plus de quatorze mille ames peuplent cette cité, embellie par des édifices magnifiques, et par des promenades pleines d'agrément. Cette province a ses états particuliers. Il n'y existe d'ailleurs aucune place en état de résister à un coup-de-main.

L'Alava, peuplé, en 1787, de 70 mille sept cent dix ames, est également ouvert. L'agriculture, véritable source de la richesse, y est plus florissante que dans le Guipuzcoa et dans la Biscaye. Des débouchés moins avantageux, et peut-être plus d'aisance générale, expliquent la cause de l'infériorité relative de sa population. Au milieu

On s'empara dans cette ville de magasins considérables. (1)

Après l'occupation de Vitoria, le général de brigade Miollis avait été envoyé avec quatre bataillons et cent hommes de cavalerie vers Miranda de Ebro pour surveiller les mouvemens des Espagnols de ce côté.

Le 4 thermidor, cette colonne traversa l'Ebre sur le pont de Miranda, et s'empara de la ville de ce nom. (2) Ce succès inspira trop de sécurité aux troupes qui paraissaient alors ne plus songer à l'ennemi. Celui-ci,

_____

d'une charmante vallée, s'élève la ville de Vitoria, la plus considérable du Pays. Elle sert d'entrepôt aux laines de Castille exportées en France, et débite beaucoup d'ouvrages en fer.

(1) On leva dans cette ville la première contribution régulière ; elle consistait en 16 mille rations de pain, 14 mille paires de souliers, et quelques autres objets. Ce qui appartenait au roi d'Espagne fut mis sous la garde de la ville, qui fournit des otages, et n'a cependant rien voulu remettre à la paix. Cette affaire fut cependant réglée dans la suite à l'amiable par les soins du directoire.

(2) En 1521, les Français, sous la conduite de Lesparre, avaient passé l'Ebre, et assiégé Logroño.

ranimé, par l'arrivée de l'armée de Crespo revint sur ses pas, et le soir même il attaqua les Français mal en ordre. Deux escadrons de sa cavalerie les repoussèrent rapidement jusqu'au delà de l'Ebre. Leur poursuite se borna là. Outre quelques blessés et six prisonniers, les Français perdirent le brave Mauras, chef de la demi-brigade des chasseurs des montagnes.

Le 5 thermidor, une demi-division, sous les ordres du général Schilt, quitta Bilbao. Elle fut suivie bientôt par le reste de l'armée, sous les ordres du général Willot; et toutes ces troupes vinrent prendre position à Miranda. On avait établi un camp au dessus de la Puebla, lorsque la nouvelle de la paix arriva le 18 thermidor, à quatre heures du soir.

Il paraît que l'intention du général en chef était de feindre le passage de l'Ebre à Miranda, tandis que les troupes se seraient portées sur Puente-la-Reyna, pour former l'investissement de Pamplune. (1)

---

(1) Le général de division du génie Marescot était arrivé depuis plusieurs jours à Bayonne, avec

Pendant que la division de droite soumettait les provinces de Biscaye et d'Alava, celle d'Irurzun étendait glorieusement ses positions.

La gauche de l'armée espagnole était appuyée au bois d'Ozquia, qu'on ne pouvait tourner que par le col d'Ollarreguy.

Le 2 thermidor, à la pointe du jour, un bataillon de Grenadiers et un autre de chasseurs des montagnes, sous les ordres du général de brigade Digonet, attaquèrent ce col avec la plus grande bravoure. La compagnie d'Ubeda et un bataillon de milices navarraises en avaient la garde, soutenus par deux bataillons du régiment d'Africa. Le sommet du col fut enlevé sans beaucoup de peine; mais en descendant, les Français furent arrêtés par les bataillons d'Africa. Un combat s'engage à l'arme blanche; jamais les deux partis n'avaient montré une si grande opiniâtreté. Le colonel d'Africa est tué; le lieutenant-colonel

---

d'autres officiers de son corps, pour conduire les opérations du siège.

est

est blessé et pris; le sergent-major (1), blessé d'un coup de baïonnette, tue le grenadier qui l'a frappé. Cependant les Espagnols, cédaient peu-à-peu le terrain, et ils étaient déja chassés jusqu'au village d'Ilzarbe, lorsque les Français voyant arriver du renfort à l'ennemi, jugèrent à-propos de remonter au haut du col dont ils demeurèrent maîtres. Ils firent cinquante prisonniers; plus de deux cents hommes furent tués ou blessés de part et d'autre.

L'attention des deux armées s'étant toute entière portée sur la droite, aucun évènement de quelqu'importance n'eût lieu dans la partie gauche.

Dans les vallées de Baztan et de Lerins, nous perdîmes un poste du côté de Dónamaria, au mois de prairial; nous le recouvrâmes le lendemain, et nous fîmes une trentaine de prisonniers.

Après le départ de la colonne du général de brigade Digonet, le 14 messidor, il ne resta que trois demi-brigades extrêmement

---

(1) Le sergent-major est le troisième chef dans les régimens espagnols.

M

faibles pour garder ces vallées; on les fit camper sur les hauteurs de Lanz, sur celle de la Sangre, à la gauche et à l'est du chemin d'Elizondo à Pamplune, et enfin sur les cols de Velate et d'Orquin.

A l'ouverture de la troisième campagne, le 1er floréal de l'an 4, la division de Jean-Pié-de-Port était commandée par le général Mauco, et composée de la brigade des chasseurs basques, de la 40e., de la 134e. et du bataillon du Jura.

Le 9 floréal, les six bataillons de campagne et un bataillon de grenadiers, formant environ trois mille cinq cents hommes, furent campés sur le col de Lindous, entre Burguete et les Aldudes, à gauche du col d'Ibagnet et à l'entrée du bois de Roncevaux. Le bataillon de réserve des chasseurs basques fut cantonné à Baygorry et tenait un fort détachement à Berdaritz ; les bataillons de réserve des 40e. et 134e. demi-brigades, et celui du Jura, formant au plus quinze cents hommes, demeurèrent aux environs de Jean-Pié-de-Port. Dix jours après, ce camp fut levé à raison surtout de son insalubrité. La 134e. demi-brigade se replia sur Jean-Pié-de-Port, où elle fut campée le 10 floréal en arrière et à côté de la redoute de la Liberté, sur la route d'Orisson. La 40e., les chasseurs basques et les grenadiers furent campés à la gauche des Aldudes, en avant et à côté de Berdaritz. Le poste important d'Arola, entre Jean-Pié-de-Port et les Aldudes, était occupé tour-à-tour par des détachemens des 40e. et 134e. demi-brigades. Telle fut pendant un mois la position des troupes dans la division de Jean-Pié-de-Port; elles n'eurent à lutter que contre les fatigues d'un service journalier et pénible, l'ennemi ayant porté ses forces sur la gauche. Depuis la destruction des fonderies d'Orbaïcet et d'Euguy, il avait totalement abandonné ses frontières de ce côté : l'Ahescoa n'avait pour défense que ses habitans formés en compagnies franches; les Aldudiens et deux ou trois compagnies réglées étaient cantonnés dans la vallée d'Erro. Le bataillon des grenadiers et deux bataillons des chasseurs basques se détachèrent de la division le 10 prairial, pour aller concourir à l'expédition qui eut lieu sur la droite. Alors le 2e.

bataillon de la 134ᵉ. demi-brigade reçut l'ordre de se rendre aux Aldudes, et fut campé sur la montagne d'Ourisca, en arrière de Berdaritz, d'où la vue plongeait, et sur la gorge des Aldudes et sur la vallée de Baztan. Le 15 prairial, de forts détachemens se portèrent sur le sommet des plus hautes montagnes des Aldudes du côté de la vallée d'Erro. Cette expédition se borna à quelques légères escarmouches entre notre avant-garde et deux ou trois cents Aldudiens et soldats espagnols : on acquit du moins par-là la certitude que l'ennemi portait toute son attention sur la gauche, et qu'il estimait sa droite suffisamment protégée par cinq lieues de montagnes. Cette partie de l'armée demeura d'ailleurs constamment sur la défensive. Vers le 10 messidor, après l'affaire de Lecumberry, une nouvelle reconnaissance fut exécutée du côté de Zubiri, avec la même facilité que celle du mois de prairial. Les propriétés furent scrupuleusement respectées ; les habitans du pays, sans défense, eurent recours à la générosité française ; leurs envoyés furent accueillis avec amitié, et leurs nombreux troupeaux mis à l'abri de toute insulte. Les bruits de paix qui s'étaient répandus au commencement de la campagne avaient entièrement cessé, lorsqu'un message extraordinaire en porta l'heureuse nouvelle dans les camps le 20 thermidor. La joie y fut aussi vive qu'universelle. Quelques jours après, la 40ᵉ demi-brigade et les Basques abandonnèrent les hauteurs des Aldudes, et la 134ᵉ les suivit bientôt après. On détruisit de fond en comble tous les ouvrages élevés à Berdaritz.

La paix avait été conclue à Bâle, le 4 thermidor ; elle fut ratifiée par la convention nationale, le 14 du même mois, et par le roi d'Espagne, le 4 août 1795.

Ce traité était de la teneur suivante :

ART. Iᵉʳ. Il y aura paix, amitié et bonne intelligence entre la République française et le roi d'Espagne.

II. En conséquence toutes hostilités entre les deux puissances contractantes cesseront à compter de l'échange des ratifications du présent traité, et aucune d'elles ne pourra, à compter de la même époque, fournir contre l'autre, en quelque qualité et à quelque titre que ce soit, aucun secours ni contingent, soit en hommes, en chevaux, vivres, argent, munitions de guerre, vaisseaux ou autrement.

III. L'une des puissances contractantes ne pourra accorder passage sur son territoire à des troupes ennemies de l'autre.

IV. La République française restitue au roi d'Espagne toutes les conquêtes qu'elle a faites sur lui dans le cours de la guerre actuelle.

V. Les places fortes dont il est fait mention dans l'article précédent, seront restituées à l'Espagne avec les canons, munitions de guerre et effets à l'usage de ces places.

VI. Les contributions, livraisons, fournitures et prestations de guerre, cesseront entièrement à compter de quinze jours après la signature du présent acte de pacification ; tous les arrérages dus à cette époque ; de même que les billets et promesses donnés ou faits à cet égard seront de nul effet ; ce qui aura été pris ou perçu après l'époque susdite sera d'abord rendu gratuitement ou payé en argent comptant.

VII. Il sera incessamment nommé, de

part et d'autre, des commissaires pour procéder à la confection d'un traité de limites entre les deux puissances.

Ils prendront, autant que possible, pour base de ce traité, à l'égard des terrains qui étaient en litige avant la guerre actuelle, la crête des montagnes qui forment les versans des eaux de France et d'Espagne.

VIII. Chacune des puissances contractantes ne pourra, à dater d'un mois après l'échange des ratifications du présent traité, entretenir sur ses frontières respectives que le nombre de troupes qu'on avait coutume d'y tenir avant la guerre actuelle.

IX. En échange de la restitution portée par l'article IV, le roi d'Espagne, pour lui et ses successeurs, cède et abandonne en toute propriété, à la République française, toute la partie espagnole de l'île de St.-Domingue aux Antilles.

Un mois après que la ratification du présent traité sera connue dans cette île, les troupes espagnoles devront se tenir prêtes à évacuer les places, ports et bâtimens qu'elles y occupent, pour les remettre aux troupes de la République française au moment où celles-ci se présenteront pour en prendre possession.

Les places, ports et établissemens dont il est fait mention ci-dessus, seront remis à la République française, avec les canons, munitions de guerre et effets nécessaires à leur défense qui y existeront au moment où le présent traité sera connu à Saint-Domingue.

Les habitans de la partie espagnole de Saint-Domingue qui, par des motifs d'intérêt ou autres, préféreraient de se transporter avec leurs biens dans les possessions de sa majesté catholique, pourront le faire dans l'espace d'une année, à compter de la date de ce traité.

Les généraux et commandans respectifs des deux nations, se concerteront sur les mesures à prendre pour l'exécution du présent article.

X. Il sera accordé respectivement aux individus des deux nations la main-levée des effets, revenus, biens, de quelque genre qu'ils soient, détenus, saisis ou confisqués à cause de la guerre qui a eu lieu entre la République française et sa majesté catholique, de même qu'une prompte justice à l'égard des créances particulières quelconques que ces individus pourraient avoir dans les états des deux puissances contractantes.

XI. En attendant qu'il soit fait un nouveau traité de commerce entre les parties contractantes, toutes les communications et relations commerciales seront rétablies entre la France et l'Espagne sur le pied où elles étaient avant la présente guerre.

Il sera libre à tous les négocians français de repasser, et de reprendre en Espagne leurs établissemens de commerce, et d'en former de nouveaux selon leur convenance, en se soumettant, comme tous autres individus, aux lois et usages du pays.

Les négocians espagnols jouiront de la même faculté en France et aux mêmes conditions.

XII. Tous les prisonniers faits respectivement depuis la guerre, sans égard à la différence du nombre et des grades, y compris les marins et matelots pris sur des vaisseaux français ou espagnols, soit d'autres nations, ainsi qu'en général tous ceux détenus de part et d'autre pour cause de la guerre, seront rendus dans l'espace de deux mois au plus tard après l'échange des ratifications du présent traité, sans répétition quelconque de part ni d'autre, en payant toutefois les dettes particulières qu'ils pourraient avoir contractées pendant leur captivité : on en usera de même à l'égard des malades et blessés aussitôt après leur guérison.

Il sera nommé incessamment des commissaires de part et d'autre pour procéder à l'exécution du présent article.

XIII. Les prisonniers portugais, faisant partie des troupes portugaises qui ont servi avec les armées, et sur les vaisseaux de sa majesté catholique, seront également compris dans l'échange sus-mentionné. La réciprocité aura lieu à l'égard des Français pris par les troupes portugaises dont il est question.

XIV. La même paix, amitié et bonne intelligence stipulées par le présent traité entre la France et le roi d'Espagne, auront lieu entre le roi d'Espagne et la République des Provinces-unies, alliée de la République française.

XV. La République française, voulant donner un témoignage d'amitié à sa majesté catholique, accepte sa médiation en faveur de la reine de Portugal, du roi de Naples, du roi de Sardaigne, de l'Infant duc de Parme et autres états d'Italie pour le rétablissement de la paix entre la République française et chacun de ces princes et états.

XVI. La République Française connaissant l'intérêt que sa majesté catholique prend à la pacification générale de l'Europe, consent également à accueillir ses bons offices en faveur des autres puissances belligérantes qui s'adresseraient à elle pour entrer en négociation avec le gouvernement français.

XVII. Le présent traité n'aura son effet qu'après avoir été ratifié par les parties contractantes, et les ratifications seront échangées dans le terme d'un mois, ou plutôt, s'il est possible, à compter de ce jour.

En foi de quoi nous soussignés plénipotentiaires de la République et de sa majesté le roi d'Espagne, en vertu de nos pleins pouvoirs, avons signé le présent traité de paix et d'amitié, et y avons fait apposer nos sceaux respectifs.

Fait à Bâle, le 4 du mois de thermidor, l'an troisième de la République française (22 juillet 1795.)

Signés, FRANÇOIS BARTHELEMY.
DOMINGO D'IRIARTE.

Ce traité était à la fois honorable et utile : il nous a acquis un fidelle allié, et il a influé avantageusement sur la pacification de la Vendée et sur nos succès en Italie.

D'ailleurs notre position dans les Pyrénées orientales commençait à devenir très-critique, et si l'éclat de la dernière campagne jetait pour nous à l'Occident un poids favorable dans la balance militaire, il n'est peut-être pas difficile de croire que peu d'instans pouvaient le faire disparaître. Des marches audacieuses avaient, il est vrai, déconcerté l'ennemi : mais une fois recueilli, celui-ci pouvait mettre à profit les chances de succès que lui offraient dans leur continuation des mouvemens périlleux par leur hardiesse même, et fermer sans retour le chemin de la retraite à une armée qui l'égalait à peine en nombre, et dont les divers corps, séparés par de grandes distances, ne se prêtaient plus un mutuel appui. Avec une armée de vingt-cinq mille hommes, sans chevaux, sans subsistances, aurions-nous songé sérieusement à nous rendre maîtres de Pamplune ? Certes, il est probable que le courage de nos troupes et l'habileté de nos généraux auraient consolidé par ce brillant exploit notre position en Espagne; mais comment calculer des prodiges, et la confiance la plus aveugle peut-elle se défendre de quelques pressentimens contraires, en envisageant les obstacles qui s'opposaient à une pareille entreprise ? En supposant même que nous eussions pu nous procurer les subsistances et les transports dont nous étions dépourvus dans les contrées peu fertiles qui environnent Pamplune, ou dans la Biscaye et l'Alava qu'il nous fallait évacuer, est-il vraisemblable, quelqu'inertie qu'on attribue aux Espagnols, est-il vraisemblable qu'avec une armée peu inférieure à la nôtre, et qui pouvait se grossir à chaque instant, ils eussent laissé arriver librement de Bayonne les convois d'artillerie et de munitions nécessaires à un siège important? ou bien la protection à donner à ces convois n'eût-elle pas nécessité de notre part des dislocations fréquentes et capables de tout perdre? ajoutons que l'esprit de relâchement et de pusillanimité qui, à la suite du 9 thermidor, s'était insinuée dans toutes les parties du gouvernement, ne nous promettait pas de longtems d'autres ressources militaires que celles que nous avions su conserver.

Les succès de la dernière campagne n'auraient donc été probablement qu'une incursion brillante et sans fruit; et bientôt ramenés dans nos premières positions, nous aurions vu les conquérans de l'Italie et les pacificateurs de la Vendée consumer leur valeur dans la défense des postes ignorés d'Iziar ou de Donamaria.

On inférerait cependant mal-à-propos de ces observations que les opérations de cette campagne aient été inutiles au grand ouvrage de la paix; elles ont au contraire produit un très-bon effet, et tout ce que nous avons dit n'a eu d'autre but que de désabuser certains hommes de l'idée où ils sont, qu'un peu de temporisation dans la conclusion du traité aurait extrêmement amélioré les conditions en notre faveur. Quand la défiance et l'animosité de la cour d'Espagne contre les Anglais nous servaient aussi bien que nos armes, n'eût-ce pas été s'exposer à réunir plus fortement contre nous les drapeaux divisés de ces deux puissances, que de vouloir profiter avec hauteur de nos avantages?

Le 30 thermidor, les troupes se mirent en marche pour retourner en France. Après un court séjour à Bayonne, elles défilèrent successivement, une partie vers l'armée des côtes de l'Océan, et l'autre vers les Pyrénées orientales. St.-Sébastien ne fut remis aux Espagnols que le 2 vendémiaire an 4.

Nous avons, le mieux qu'il nous a été possible, rendu compte des évènemens qui se sont passés sous nos yeux. Nous avons consulté les officiers les plus instruits, recueilli les rapports des témoins oculaires, comparé ces rapports avec ceux des Espagnols et dégagé de toute passion particuleir, nous n'avons attaché aux événemens que les noms qui nous y ont paru nécessaires, sans égard à leur disgrace ou à leur fortune actuelles. Sans doute en nous étendant davantage sur beaucoup de faits, de justes éloges auraient pu embellir nos récits ou satisfaire le besoin de notre cœur; mais la vérité qui raconte le bien et se tait sur le mal, inspire peu de confiance, et nous n'avons voulu ni écrire pour n'être pas cru, ni blâmer inconsidérément pour goûter le plaisir de louer.

Enfin si, malgré le caractère d'impartialité que nous avons gardé dans cet ouvrage, il est des individus qui blâment, les uns notre modération, les autres notre franchise, nous les prions de considérer que nous écrivons pour le public, et qu'après tout un récit historique ne doit ressembler ni au lit de Busiris qui dévouait au fer tout ce qui dépassait sa longueur, ni au soulier de Théramène qui s'ajustait à tous les pieds.

CHAPITRE

CHAPITRE XI.

I. Police et discipline. II. Artillerie. III. Administration. IV. Vivres pain. V. Vivres viande. VI. Approvisionnemens extraordinaires. VII. Fourrages. VIII. Chauffage. IX. Effets de campement et d'habillement. X. Hôpitaux. XI. Transports. XII. Evaluation des dépenses générales de l'armée.

I. Dans la naissance de l'armée, la plus grande partie des officiers et soldats n'avaient jamais vu de combat, quoiqu'on y distinguât plusieurs anciens corps. Un esprit général de présomption inspirait le mépris des Espagnols, et la sécurité était si grande, que dans les divers camps, qui furent établis à cette époque, on ne crut pas devoir élever le moindre ouvrage de défense. Il n'est point extraordinaire que des troupes si pleines d'indiscipline et d'une folle confiance aient été chassées avec tant de facilité de leurs premières positions, d'ailleurs assez désavantageuses par elles-mêmes. Ce fut le général Dubouquet qui commença à rétablir l'ordre et la police militaire, soit à la gauche soit à la droite de l'armée. D'un autre côté, les soldats s'aguerrirent par cette multitude d'escarmouches et de petits combats que le rapprochement des deux armées occasionnait tous les jours; d'excellens officiers se formèrent en silence, et avec le retour d'une exacte discipline, on vit revenir sous les drapeaux français le courage, l'émulation, et à leur suite la victoire, compagne inséparable des vertus militaires.

L'institution des tribunaux militaires, quoique remplie de défectuosités, eut beaucoup de part à l'amélioration de la discipline. Celui de la division de droite surtout, composé d'hommes purs et fermes, y fit respecter la loi moins par de fréquentes exécutions que par un esprit de justice et d'impartialité, qui ne se confondit jamais, dans ses fonctions ordinaires, avec les passions fougueuses dont il était environné.

C'est par la même méthode que le général Muller affermit la discipline sur des bases solides. En général, on peut dire qu'en ce qui concerne cet objet, comme tous les autres, l'expédient le plus heureux qu'on puisse employer est que chacun se renferme dans ses fonctions ; car l'autorité d'un général, quand elle est jalouse de celle du dernier subalterne, appelle la confusion par son activité importune.

Malgré tout ce que nous disons sur la discipline de l'armée, il ne faut pas croire cependant qu'elle ait jamais pu être comparée à celle des Romains ou à celle de ces soldats de Rochambeau, qui respectaient à Rhode-Island les fruits suspendus sur leurs têtes. Tous les villages abandonnés par les habitans étaient ordinairement livrés au pillage, quelles que fussent les défenses à cet égard ; mais on vit peu d'excès de ce genre se commettre dans les lieux où les propriétaires restaient pour la garde des maisons.

Pendant la durée de la guerre, les bataillons ne furent point exercés aux grandes évolutions militaires. Tout se bornait pour les soldats à manier l'arme avec dextérité, à viser avec justesse, à se mouvoir avec agilité; exercice suffisant dans un pays montueux et inégal, où l'aplomb et l'intensité des lignes sont rarement utiles : c'est par la science des marches que les succès s'y remportent communément.

L'armée fut d'abord composée en grande partie de bataillons volontaires : il n'y existait que le 20e. et le 80e. régiment, le 5e. bataillon d'infanterie légère et le 18e. régiment de dragons ayant fait partie des vieilles troupes françaises.

Les corps volontaires qui auraient dû renfermer cinq cents soixante-quatorze hommes, n'avaient point, au commencement des hostilités, un état de guerre complet; plusieurs étaient même réduits à deux cents hommes présens sous les armes. Au mois de mai 1793, le recrutement s'effectua, et les cadres alors plus élargis, furent remplis jusqu'au nombre de sept cents quatre-vingt-quatre, officiers compris. On forma même à Pau, de l'excédent des recrues, six nouveaux bataillons.

Au mois de septembre 1793, s'organisèrent dans l'armée cinq demi-brigades, au complet de deux mille quatre cents trente-sept hommes, conformément à la loi du 21 février. (1) La presque totalité des compagnies franches fut réunie en bataillons. Ces opérations ne contribuèrent pas peu à régulariser l'exercice du commandement et à fortifier la discipline.

Une foule de bataillons prirent naissance par l'effet de la loi sur la réquisition. Pendant l'hiver de 1793, tous, à l'exception de six, furent licenciés, et les hommes incorporés dans les anciens cadres; ceux-ci prirent alors un embonpoint excessif, tel que quelques-uns renfermèrent jusqu'à deux mille hommes par bataillon.

Enfin, la dernière organisation eut lieu avant l'expédition de la Biscaye. On embrigada tous les bataillons; en outre de cinq demi-brigades déjà formées, on en institua dix-huit nouvelles, masse vraiment imposante, si la guerre n'avait creusé dans

---

(1) La cinquième demi-brigade fut embrigadée, et non amalgamée comme les autres corps.

son sein des vides immenses (1). Il existait en outre quatre bataillons non-embrigadés.

Les grenadiers formèrent presque toujours des corps distincts et séparés. Dans l'hiver de l'an 3, ils rentrèrent dans leurs corps respectifs ; au mois de floréal, ils furent de nouveau embataillonnés. C'était un corps d'élite aussi formidable par sa vigueur et son invincible courage, que par le choix de ses chefs. Latour-d'Auvergne et Gravier, guerriers illustres, formaient des héros de tous ceux qui les suivaient.

Quoique, comme les autres corps de ligne, les grenadiers manœuvrassent sur trois rangs, ils furent employés néanmoins très-longtems en troupes légères. Le général en chef, par son ordre du 13 floréal an 3, ordonna que les grenadiers combattraient en ligne, et jamais en tirailleurs. On conçoit qu'exposer sans relâche aux fatigues et aux hasards meurtriers des escarmouches la plus robuste portion

---

(1) Des demi-brigades n'avaient pas mille hommes présens.

de l'armée, c'est la détruire en détail, c'est énerver la ligne qui décide les batailles. A la fin de la guerre, les compagnies de grenadiers étaient fort affaiblies, et ne renfermaient en grande partie que des postiches (1).

A l'époque où s'effectua le passage de la Bidassoa, la force commune de chaque bataillon était d'environ sept cents hommes présens et effectifs. Le 25 vendémiaire, elle s'élevait à huit cent cinquante; et dans la dernière expédition de la Biscaye, on ne peut l'évaluer à plus de cinq cents. Les quatre bataillons basques étaient un peu au dessus de ce nombre.

II. Nous n'avions, pour ainsi dire, aucune artillerie au commencement de la guerre; à la paix, elle était formidable. Outre de belles pièces, qui furent envoyées de l'intérieur de la République, on en prit sur les Espagnols cinq cent trente-

---

(1) On donna ce nom aux hommes tirés des compagnies du centre, pour remplacer les grenadiers absens.

(200)

cinq de divers calibres, dont nous avons conservé deux cent treize (1).

Le général de l'artillerie, Lespinasse, qui, à des lumières très-étendues, joignait

---

(1) Il a été pris aux Espagnols, pendant la guerre, 535 canons de différens calibres, dont 209 en bronze et 326 en fer.

Pièces de canons conquises, ci........	"	535
Canon rendu à la paix.		
Laissé pour la défense de Saint-Sébastien, de sa citadelle et de ses batteries de côtes, 128 pièces de canon, dont 110 en position, et 18 non montées, la majeure partie en fer de calibres impairs, et par conséquent impropres à l'artillerie française..........	128	"
Nota. Dans les 128 pièces ci-dessus, nous ne comptons pas quelques pierriers marins d'un très-petit calibre, d'une forme irrégulière et imparfaite, et de nulle valeur pour le service.		
Laissé à Guetaria 15 pièces en fer..........	15	"
— A Zumaya............................	2	"
— Au port du passage.................	28	"
— A Deva	6	"
— Aux batteries de côtes en avant de Fontarabie	6	"
Laissé à Orio deux pièces de 24 et 36 de fer forgé, appartenant au fabricateur qui prouva que le gouvernement espagnol n'y avait aucun droit......................	2	"
Total des pièces rendues aux Espagnols, cent quatre-vingt-sept, ci.....................	187	

D'après les ordres de la commission de l'organisation et du mouvement des armées de terre, il fut remis au cit. Capon, son principal agent, les pièces et les fers coulés, hors de service, dont l'état suit :

(201)

		Bronze.	Fer.		
Transport de l'autre part......		187	535		
A Saint-Sébastien.					
Canons de....	12	1	1		
	13	"	1		
	12	1	6	25	
	10	"	3		
	8	"	5		
	6	"	6		
	4	"	1		
A Guétaria		2	23		
Canons de....	27	"	1		
	25	"	5		
	21	"	3		
	18	"	4		
	16	"	1	28	Pièces rendues aux Espagnols ou transportées dans nos fonderies au profit de la République.
	13	"	5		
	12	"	5		
	6	"	2		
	5	"	2		
Au port du Passage.				322	
Canons de....	10	"	4		
	9	"	20		
	7	"	5		
	6	"	17	68	
	5	"	7		
	4	"	2		
	3	"	13		
Boulets ramés.	12	483	"		
	11	494	"		
	8	620	"		
	7	235	"		
	6	148	"		
	5	75	"		
	4	430	"		
	2	80	"		
Caisses..		470	"		
		3038	"		

14 pièces de canon de fer espagnoles également défectueuses, ont été déposées à l'arsenal de Bayonne, pour y être converties en balles à mitraille ou autres fers coulés................ 14

Il nous reste de pièces espagnoles de bon service, ci........................ 213

un goût décidé pour les grandes entreprises, conçut, au mois de fructidor an deux, le dessein de former dans l'armée un équipage de siège et un équipage de campagne. Avant la révolution, il n'existait en France, que deux équipages de

---

158 sont de bronze, et 155 en fer ; elles sont désignées par métaux, espèces et calibres dans l'article ci-après ;

SAVOIR:

Canons espagnols que l'armée des Pyrénées occidentales à conservés de ses onquêtes.

	Bronze.	Fer.
Mortiers de 12 pouces	4	"
idem, de 7, *id*.	1	"
Canons de 24	14	3
18	"	5
16	22	"
12 long	9	11
12 court	6	3
8 long	1	19
8 court	18	9
4 long	5	"
4 court	39	"
2	4	"
Obusiers de 8 pouces	7	"
6 *id*.	17	"
15 *id*.	2	"
Petits pierriers doubles	9	"
Petits obusiers	"	5
	158	55

TOTAL............ 213

siège, l'un à Douay, l'autre à Strasbourg.

La plupart des pièces prises sur les Espagnols, quoique de la plus grande beauté, étaient sans affuts; il fallait en construire, ainsi que des porte-corps, avant-trains, etc., etc. Il fallait approvisionner les deux équipages en outils, armemens, fers, bois, artifices, cordages, et rechanges de toute espèce.

Cet infatigable officier rassembla en peu de tems tout ce qu'exigeaient des travaux aussi considérables; il appela de Bordeaux d'habiles ouvriers, éleva des bâtimens nouveaux, et puisa dans le pays conquis des fers, du charbon et des bois en abondance; à Bordeaux, à Toulouse, il mettait tous les arsenaux en activité.

En dix mois de tems, Bayonne a vu sur ses glacis, un équipage de siège et un équipage de campagne, pourvus de tout ce qui pouvait dépendre des travaux de l'artillerie.

On doit remarquer, parmi les ouvrages additionnels à l'équipage d'artillerie, un pont de chevalets portatifs, que le citoyen Dupré, ancien chef d'ouvriers d'état, a rendu susceptible de se démonter et remonter, et d'embrasser une largeur de rivière plus considérable qu'on ne l'a vu effectuer jusqu'à présent par une machine de cette espèce.

Au moment de notre première entrée en Espagne, on jeta sur la Bidassoa, un pont de pontons, et deux de bateaux. Le débordement de la rivière ayant emporté ces ouvrages, on construisit un pont de pilotis qui empêcha l'interruption des communications.

C'est encore une idée du général Lespinasse que l'établissement des compagnies d'armuriers. Les circonstances difficiles où on se trouvait, n'auraient pas permis, de mettre autrement les armes en réparation, et 35 mille fusils enlevés aux Espagnols auraient été un trophée brillant, mais inutile.

Nous ferons cependant une remarque essentielle sur ces grands travaux ; c'est qu'ils étaient dans une forte disproportion avec les moyens de l'armée en transports. Vingt mille chevaux auraient été nécessaires pour mettre en mouvement ce train d'artillerie ; et lors du départ de la division qui fut envoyée à l'armée de l'Ouest, on ne put en rassembler que 329. Ajoutons que la nature du pays s'opposait à l'emploi de la plus grande partie de ces préparatifs.

III. Il y a eu peu de guerres aussi meurtrières que celle que les Français ont soutenue pour établir chez eux le gouvernement républicain. Notre situation a été terrible, et des efforts ordinaires n'auraient pu nous ouvrir les chemins de la victoire. A ce haut degré d'énergie où l'éminence des dangers, où la passion de l'indépendance avaient élevé l'esprit du peuple, les conseils de l'expérience durent être mal accueillis. D'innombrables guerriers couvrirent toutes les frontières, et leurs chefs n'eurent le choix qu'entre le triomphe ou la mort. Ce système de fureur, rigidement suivi, nous procura d'éclatans succès; mais on les acheta par d'énormes sacrifices. Ni les hommes, ni l'argent ne furent épargnés ; on comptait les pertes de l'ennemi, on fermait les yeux sur les nôtres. Une retraite savante, une prudente temporisation, étaient des crimes irrémissibles. C'était seulement sous les aîles de la victoire, toutes sanglantes qu'elles fussent, qu'un général trouvait sa sureté et sa gloire.

Mais la France opulente et fertile a, comme tous les autres états, des limites naturelles qui restreignent ses efforts. Quand de grands esprits ont établi en principe que le nombre de troupes à entretenir par chaque puissance ne peut être qu'en proportion réciproque de ses richesses et de sa population, ils ont voulu proclamer une vérité utile bien plus que démontrer l'impossibilité de rassembler momentanément en corps d'armée des masses d'hommes beaucoup plus considérables. Nous avons acquis la fatale expérience de la justesse de leurs observations. Nous avions porté nos forces militaires à 14 cent mille hommes (1), terme extrêmement exagéré. Ainsi dans nos armées, on a vu les besoins en tout genre exercer des ravages autrement funestes que le fer de l'ennemi : et par-tout où les conquêtes ajoutèrent peu à nos propres ressources, les désertions et les maladies

---

(1) Nous comprenons dans ce calcul tous ceux qui étaient employés pour le service de l'armée.

rétablirent bientôt l'équilibre que la nature violentée avait laissé perdre un moment. (1).

Ces considérations nous conduisent à penser qu'une raison éclairée aurait borné à une défensive respectable une partie des frontières, et surtout celles auxquelles leur situation n'offrait pas l'espérance de ressources extraordinaires.

Telle était la frontière qu'occupait l'armée des Pyrénées occidentales : environnée de toutes parts de pays stériles, elle ne pouvait, même dans des tems heureux, être approvisionnée qu'avec des efforts considérables. Il y eut à la fois cependant, cent vingt mille rations consommées par jour. Le rassemblement formidable de plus de 60 mille hommes aurait dû, dans une campagne, donner la loi à l'Espagne : il n'en fut pas ainsi, et quelques conquêtes de peu d'importance furent tout le fruit de nos armemens. Nous avions beaucoup d'hommes, et tous les moyens accessoires

---

Cette guerre nous a coûté environ 25 mille hommes, enlevés en grande partie par les maladies.

de la guerre manquaient. Enfin, après l'expédition du 25 vendémiaire, une retraite tardive ne put écarter l'horrible poids des fléaux que la disette et la misère traînent à leur suite. La moitié de l'armée périt ou quitta les drapeaux; ainsi les idées extrêmes sont toujours la source des plus grandes calamités.

La détresse presque continuelle où l'armée s'est trouvée, a excité des récriminations assez dures entre les généraux et les administrateurs. La vérité est que ni les uns ni les autres ne pouvaient essuyer de blâme à ce sujet; car les généraux, avec une armée nombreuse, n'auraient pas impunément resté dans l'inaction, et les administrations, qui avaient répandu une espèce de famine dans toutes les contrées où il leur était possible de puiser, ne pouvaient assurément être accusées d'avoir négligé les moyens d'alimenter l'armée.

L'organisation administrative, toute vicieuse qu'elle fut, ne doit être rangée que dans les causes secondaires de nos calamités. Cette machine massive et pleine de rouages avait dû la naissance à la plus
bisarre

bisarre législation monétaire qui ait jamais existé. L'impossibilité de former des entreprises, la seule méthode convenable pour approvisionner des armées, avait forcé le gouvernement à faire tout régir pour son compte. Une multitude d'agences avaient été créées, toutes absolument indépendantes les unes des autres, et souvent avec des intérêts opposés. Outre l'inconvénient grave qu'ont les régies directes, par l'extrême penchant, que l'autorité d'où elles émanent leur donne, vers les mesures arbitraires et les vexations, il est notoire que c'est une science digne d'une étude profonde que leur mécanisme et leur action; et nous l'avouerons, les administrations possédaient en ce genre peu d'hommes instruits, que l'intérêt particulier eût créés pour ainsi dire subitement. Delà souvent l'emploi mal ordonné des moyens, les fausses mesures, les mauvaises institutions, le mépris des choses utiles, l'entassement des matières sans valeur. Ce que nous disons est applicable à toutes les armées de la République ; plus encore peut-être qu'à celle des Pyrénées occidentales, où le commissaire-ordonnateur en chef Dubreton sut, d'une main ferme et habile, faire mouvoir aussi bien qu'il était possible, les ressorts durs et grossiers de cette vaste machine. Cet aperçu, ainsi dessiné, est comme un miroir où se trace le tableau des diverses branches administratives pendant la durée de la guerre. Nous allons cependant en analyser successivement les opérations principales.

IV. On doit s'attendre à voir le service des vivres dans une langueur continuelle. Les départemens voisins de cette frontière ne recueillent point les grains nécessaires pour subsister pendant l'année entière. Distraction faite de la récolte en maïs, qui ne fait point partie des consommations d'une armée, les subsistances y suffisent à peine pour six mois. Des landes étendues laissent d'ailleurs à une distance considérable les ressources des contrées plus fertiles. Il est vrai que la mer, ouverte à nos escadres, peut faciliter l'apport des approvisionnemens. Ce moyen de transport fut peu pratiqué, tant que le golfe n'offrit d'autre refuge aux navigateurs que le port de Bayonne, dont l'accès est difficile. Après la conquête de St.-Sébastien et du Passage, divers convois, expédiés de Bordeaux, alimentèrent l'armée avec succès.

Outre les grands obstacles qu'éprouvaient les arrivages des denrées, leur acquisition s'effectua avec peine. Dès le commencement des hostilités, la réaction de ces embarras se fit sentir dans le rassemblement des approvisionnemens, quoique le nombre des consommateurs ne passât pas vingt mille. Les moyens n'étaient point assez étendus pour qu'on pût beaucoup élargir le cercle des achats ; ils n'augmentèrent point en proportion des forces qu'acquit successivement l'armée. Cependant au mois d'octobre 1793, où on comptait 42 mille consommateurs, les magasins étaient fournis pour un mois. Alors commença le mode d'approvisionnement par la voie des réquisitions : il est certain que dans ces circonstances fâcheuses on n'aurait pu blâmer l'emploi de ce moyen, tout violent qu'il est en lui-même, s'il avait été exercé avec justice ; mais prétendre le convertir en système, comme certains personnages y ont pensé, c'est un intolérable renversement de principes aux yeux de ceux qui connaissent les fondemens sur lesquels reposent la culture et l'industrie.

Quoiqu'il en soit, ce secours vint très-à propos pour l'armée, dans un moment où la loi du *maximum*, rattachant un signe monétaire décrié au faisceau des institutions révolutionnaires, avait troublé la liberté des transactions. Tous les départemens formant la ci-devant Guyenne furent écrasés sous le fardeau des réquisitions : celui du Gers fournit près de deux cent mille quintaux de froment pendant la guerre. (1)

Malgré ces immenses contributions, la consommation de l'armée était devenue si forte, qu'elle voyait ses magasins presque toujours vides. Lors de la première expé-

---

(1) Tous les employés de l'armée, sans distinction, avaient part à la fourniture des vivres, et la plupart, comme les officiers, recevaient plusieurs rations par jour.

dition, au mois de thermidor an II, on n'avait pas des vivres pour dix jours à l'avance. Quatre-vingt mille quintaux de grains trouvés dans Saint-Sébastien, vallée de Baztan, Tolosa, etc., ranimèrent le mouvement d'un service caduc, et entretinrent l'abondance jusqu'à la fin de vendémiaire an III., quoique par les renforts arrivés de la Vendée, le nombre des rations distribuées par jour, montât à cent vingt mille. A cette époque nous envahîmes les contrées âpres et stériles qui s'étendent entre nos frontières et Pampelune. Là, pendant quarante-cinq jours, se consumèrent les ressources de l'armée en vivres et en transports. On ne pouvait avancer, on ne voulait point reculer. Qu'on se figure la position de l'armée, disséminée dans l'espace qui sépare Lecumberry de Villanova, au milieu des montagnes et dans des lieux presqu'inhabitables, consommant par jour environ huit cents quintaux de grains, et l'on se fera une idée des efforts qui furent faits pour l'alimenter. On eut recours à une levée en masse des bouviers de la frontière. Cette mesure réussit : funeste succès qui éblouit trop longtems les yeux et leur cacha notre profond épuisement sous les dehors d'une force éphémère ! Enfin, les maladies des soldats et la désertion des bouviers, rendirent une marche rétrograde nécessaire, et les troupes reculèrent jusqu'aux limites qu'elles occupaient avant le 25 vendémiaire. Il faut en excepter cependant la division de droite, qui s'étendit du côté de la mer et s'établit à Aspeytia (1).

---

(1) Ces quartiers d'hiver, en partie situés dans les montagnes, rendirent très-difficile l'apport des subsistances. La droite de l'armée les recevait de St.-Sébastien, à Tolosa, par terre; à Aspeytia, par mer, autant qu'elle était praticable. Des barques se rendaient, pour cet effet, de St.-Sébastien à Beduá, sur la rivière d'Urola, d'où les charrettes du pays prenaient les chargements pour Aspeytia. Lesaca et environs étaient approvisionnés de Jean-de-Luz et par la gorge d'Olette. On suivait ce même chemin pour effectuer des versemens sur la vallée de Baztan, lorsque celui du col de Maya était fermé par les neiges. Jean-pié-de-Port était pourvu par Bayonne et par Pau. Ce dernier magasin alimentait également les vallées.

Cependant le produit des réquisitions diminuait de jour en jour. Les cultivateurs, un peu remis de la terreur que leur avait inspirée le gouvernement révolutionnaire, éludaient par toutes sortes de moyens la livraison de leurs denrées : l'abolition du maximum ferma presqu'entièrement cette source d'approvisionnement. C'est ce que comprirent fort tard les agens du gouvernement, accoutumés à y puiser depuis si long-tems. Ils se roidirent contre les obstacles, et crurent les surmonter par des arrêtés désormais peu respectés des représentans. Le fruit de cette conduite fut une disette absolue de subsistances au mois de ventôse an 3 : le nombre des rations distribuées par jour était réduit à soixante mille. Le 25 ventôse, la fourniture du pain cessa entièrement ; on donna en remplacement de chaque ration de pain six onces de riz, deux onces de légumes, un seizième de pinte d'eau-de-vie, un vingtième de pinte de vinaigre. Le 30 du même mois, il fut réglé que tous les deux jours il serait délivré une ration de pain à chaque soldat ; cette fourniture resta ainsi réduite jusqu'au 19 prairial, où les distributions reprirent leur cours ordinaire. Pendant cette disette, les achats (car il avait fallu y revenir) avaient mis quelqu'abondance dans les magasins. Lors de l'expédition de la Biscaye, au mois de messidor, ces ressources commençaient à s'épuiser, et la difficulté d'avoir des fonds, donnait peu d'espérances pour leur renouvellement. Quoique la droite de l'armée eût trouvé dans la Biscaye et dans l'Alava des magasins assez considérables, il est probable que si la paix n'avait été faite, nous aurions été contraints par la disette seule de nous replier sur nos limites. Ces vérités sont tristes, mais nous n'avons point cru devoir les taire, afin qu'elles servent d'instruction nouvelle à ceux qui séparent l'art de faire combattre les armées de l'art de les faire subsister. (1)

---

(1) Nous croyons devoir recommander ici un établissement qui servit très-bien l'armée : c'est celui des compagnies d'ouvriers, marchant toujours à sa suite, et élevant avec une célérité vraiment admirable, les fours et autres constructions provisoires, que des marches actives rendent indispensables à chaque moment dans des contrées aussi misérables.

V. Le service de vivres viande a été rempli sans aucune lacune. Tout concourait à ce succès, l'abondance des bestiaux dans les départemens voisins de l'armée, la facilité d'en faire venir de loin, celle enfin de pouvoir se passer des moyens de transport qui ont toujours été la partie faible de l'armée. Ce qui prouve les immenses ressources que ce genre d'approvisionnement trouvera en tout tems sur cette frontière, c'est qu'après une guerre où il avait été consommé plus de quatre-vingt mille bœufs, et où tout était à la disposition des agens de l'armée, les marchés ont été abondamment pourvus, et les sorties clandestines pour l'Espagne très-fréquentes.

VI. Il en a été de même pour ce qui concerne les vinaigres, eaux-de-vies, viandes salées, articles ordinaires d'exportation dans ces contrées. L'approvisionnement en sel a toujours été facile et abondant. Les distributions en riz et haricots durent cesser dès avant le 17 prairial an 2. Elles ne furent point rétablies, après la prise de St.-Sébastien, où l'on trouva vingt mille quintaux de riz, qui suppléèrent utilement le pain dans le tems de la disette. (1) Je joins ici l'état des places approvisionnées pour un siège avec l'indication du nombre d'hommes qu'elles devaient renfermer.

Place de Bayonne . . . 6000 hommes.
Citadelle *id*. 2000
Jean-Pié-de-Port . . . 1800
Le fort Socoa 300
Blaye 800
Lourde . , ... 400
Ville et citadelle de Saint-Sébastien 4500

VII. Dans l'armée des Pyrénées occidentales, forte de soixante mille hommes, il aurait dû exister environ trente mille chevaux de tout service; ce qui aurait

---

(1) A la fin de l'an deux, on fit des réquisitions considérables en vins, dans la place de Bordeaux. Ils furent ensuite transportés à Bayonne, et cédés aux soldats et officiers, au prix d'achat. Chaque barrique coûta, en l'an deux, 125 fr. en assignats. A la fin de l'an trois, on la payait 4,000 fr., prix vil qui adoucit le sort des soldats, au milieu de la dépréciation du papier-monnaie, mais qui fut aussi la source de beaucoup d'abus.

supposé une consommation journalière de six mille quintaux de foin et paille. Le nombre des chevaux n'a jamais été au-delà de quinze mille (1), et cependant il est sans exemple que les rations aient été fournies avec régularité. Assez fréquemment les distributions ont été réduites à cinq livres de foin et même entièrement interrompues. Nous tirerons delà la même induction que nous avons déja présentée ; c'est que l'armée renfermait trop de combattans dans un état de guerre aussi général : car si, avec la vigueur d'action que le régime révolutionnaire imprimait à l'administration militaire, il a régné une si profonde détresse dans le service des fourrages sur lequel repose celui si essentiel des transports, on ne peut raisonnablement en imputer la cause qu'au manque absolu de ressources en ce genre. Les erreurs ou dilapidations administratives n'avaient

---

(1) Nous comprenons dans ce calcul les bœufs employés au service militaire, et recevant leur nourriture des magasins de la République.

qu'une influence bien secondaire sur cette déplorable situation des choses.

Un examen réfléchi achevera de porter la conviction dans les esprits sur la véritable source de ce dénuement presque continu. Il est connu que les pays voisins de cette frontière ne produisent les denrées propres à la nourriture des chevaux que dans une proportion inférieure aux besoins d'une armée même assez médiocre (1); une forte consommation écarta bientôt à des distances considérables les approvisionnemens, de sorte que leur volume et leur éloignement exigeaient l'emploi d'un très-grand nombre de transports, et ce qui surtout est digne de remarque, la nourriture des chevaux en route réduisait à peu de chose le produit des arrivages. Il est vrai que la mer ouvrait une voie plus commode

---

(1) Dans un mémoire fait par Roussel, en 1718, on évalue à 177 mille rations de fourrages (faisant environ 35 mille quintaux foin et paille, et 118 mille boisseaux d'avoine), le produit dans les bonnes années du pays de Labourt, de la Basse-Navarre, du pays de Soule, des vallées du Béarn, de la Bigorre et ses vallées.

et plus utile, mais quoiqu'on n'ait pas fait peut-être à cet égard tout ce qu'il était possible de faire, nous n'en sommes pas moins convaincus que ce moyen était insuffisant dans les circonstances où nous nous sommes trouvés. Outre les entraves nombreuses qui embarrassaient le cabotage, nous dirons que la circonférence entière de la France étant couverte d'armées, il fallait que chacune d'elles se bornât aux ressources de son arrondissement. Nous ajouterons que peu ont eu du superflu en fourrages, parce qu'en dernier résultat, et avec de légères modifications, tout s'y réduisait au transport par terre dont nous avons démontré l'excessive difficulté.

On s'étonnera donc peu de l'effrayante mortalité, qui a encore plus pesé sur les chevaux que sur les hommes. Les trois régimens de cavalerie, qui ont fait la guerre sur cette frontière, ont perdu les deux tiers de leurs chevaux, quoique souvent rafraîchis par des séjours dans l'intérieur où les fourrages étaient moins rares. Sur cinq mille chevaux des transports militaires, il en périt environ trois mille; seulement pendant les quatre premiers mois de la troisième année républicaine.

VIII. Quant au chauffage, ce pays couvert de bois fournira toujours d'abondantes ressources. Les distributions régulières ne commencèrent que tard dans le pays conquis, ce qui occasionna de grandes dévastations.

IX. Quoique le service des effets de campement et habillement n'ait point entièrement été exempt de la pénurie générale, il faut convenir cependant qu'aidé des moyens puissans que renfermaient les communes de Bordeaux et de Bayonne, il a moins irrégulièrement que tout autre pourvu aux besoins des troupes. Il a été distribué, pendant la durée de la guerre, plus de deux cent mille habillemens complets et plus de quatre cent mille paires de souliers. Au mois de fructidor an 3, lorsque l'armée, forte de vingt-cinq mille hommes, se mit en marche pour les côtes de l'Océan et les Pyrénées orientales, elle fut habillée et équipée en entier avec les effets du magasin de Bayonne.

On comptait dans le même magasin un

nombre d'effets assez considérable pour camper cinquante mille hommes. Il faut remarquer à ce sujet que l'âpreté des chemins et la faiblesse des transports ont rarement permis de placer les troupes sous la tente. C'était le plus souvent sous des barraques en terre que celles non cantonnées dans les villages cherchaient à éviter les injures de l'air.

X. Dans le principe de la guerre, les magasins des hôpitaux de Toulouse approvisionnaient à la fois les deux armées des Pyrénées. Cet ordre des choses subsista jusqu'au mois de frimaire an 3; alors le citoyen Lamarle eut exclusivement la direction des hôpitaux de l'armée des Pyrénées occidentales.

Au mois de mai 1793 (v. st.), six hôpitaux furent fondés pour le service de l'armée; à mesure qu'elle grossissait, le nombre des hospices dut s'augmenter. Une épidémie terrible qui ravagea l'armée des Pyrénées orientales, en l'an 2, attira tous les soins, consomma toutes les fournitures et denrées des magasins de Toulouse, de sorte qu'un dénuement général et profond se manifesta dans le service de nos hôpitaux. Le généreux dévouement du département de Lot et Garonne vint à leur secours. A la voix de Monestier, du Puy-de-Dôme, chacun vint offrir le tribut de son superflu. Douze mille draps de lit, autant de chemises, une quantité considérable d'autres effets devinrent une ressource aussi précieuse qu'inattendue dans un moment où l'armée comptait quarante cinq mille combattans. Alors le nombre des hôpitaux fut porté à vingt, qui offraient un terme moyen de quatre à cinq mille malades.

Ce nombre d'hôpitaux s'acrut, non pas en proportion de la force de l'armée, mais en raison de ses conquêtes. On laissa subsister tous les établissemens que les Espagnols nous avaient abandonnés, avec toutes les fournitures, lors de l'invasion de la vallée de Baztan et d'une partie du Guipuscoa. C'est surtout à l'époque où l'armée eut pris la position presqu'inaccessible d'Aspeytia que les hôpitaux se multiplièrent. A la suite de privations en tout genre, de fatigues excessives, les maladies se déclarèrent

rèrent, et bientôt une épidemie terrible exerça ses ravages. En vain on employait tout ce qu'il était possible de trouver au service des malades, les asiles destinés à les recevoir ne suffisaient point dans le pays conquis : delà l'encombrement le plus épouvantable, la corruption de l'air, les évacuations forcées au milieu des neiges et des brouillards; delà une mortalité presque sans exemple dans l'histoire. Les tableaux décadaires des hôpitaux, pendant les mois de frimaire, nivôse et pluviôse an 3, ont porté constamment chacun onze ou douze cents morts : il en résulte que, pendant ces trois mois de forte épidémie, le nombre des hommes morts dans les hôpitaux peut être évalué à dix mille, ou ce qui revient au même à un sixième à-peu-près de la totalité de l'armée : ce ne serait pas même enfler les calculs que de porter la perte au cinquième, car une multitude d'hommes périt dans les chemins, dans des maisons particulières, dans les hôpitaux, sans que leur décès ait été constaté. On peut également affirmer que la moitié des officiers de santé et employés furent les victimes de cet

P

horrible fléau. Quant aux sous-employés, forcés de respirer jour et nuit un air empoisonné, ils furent renouvelés presqu'en entier.

Cinquante-cinq hôpitaux, y compris les maisons de convalescence, étaient en activité dans le tems de cette épidémie. C'eût été une ressource suffisante, si la ligne des hôpitaux, longue de près de cent lieues, n'eût été engorgée précisément à une de ses extrémités, et s'il avait existé une ambulance.

Lors de l'expédition de la Biscaye, il fut établi des hôpitaux ambulans à Arriba, Lecumberry et Villafranca. On travaillait à en former deux autres à Vitoria, lorsque la paix vint mettre un terme aux calamités de la guerre.

Le service de santé occupa pendant l'épidémie jusqu'à quinze cents médecins, chirurgiens et pharmaciens. On trouvait parmi les officiers de santé de première classe des hommes d'un rare mérite, et il serait facile de citer plusieurs opérations aussi heureuses qu'habilement préparées. Les médicamens étaient généralement de la meilleure qualité. On avait mis en réquisition, pour l'usage de l'armée, tout ce qui existait de bon en ce genre dans les magasins de Bordeaux et de Bayonne.

Les maladies qui ont régné particulièrement dans l'armée, ont été les fièvres intermittentes et putrides, les catharres et fluxions de poitrine, les rhumatismes et la galle. Cette dernière maladie se propagea infiniment par la communication avec les Espagnols, qui en sont infectés en grand nombre.

XI. Les transports sont la base d'un bon approvisionnement, et ils ont toujours été très-misérablement montés dans l'armée des Pyrénées occidentales. Voici l'état des équipages de l'armée au 1er. vendémiaire an 3, lorsque la force de l'armée surpassait soixante mille hommes.

Vivres	1500
Fourrages	800
Effets militaires	1150
Ambulance	500
Artillerie	1400

3204 hommes attachés à ce service.

5350 chevaux ou mulets.

Nous ne comprenons point dans ce tableau l'état des transports qui servaient à acheminer les effets et matières de l'intérieur de la République vers la place de Bayonne.

Ces divers services auraient exigé au moins vingt-cinq mille chevaux, et après le 25 vendémiaire, lorsque l'armée s'approcha de Pampelune, ce nombre aurait dû s'accroître en raison des distances. Il n'en fut point ainsi, et malgré des réquisitions nombreuses de charrettes à bœufs, l'aspérité des routes, l'intempérie de la saison, les marches forcées et le défaut de nourriture, détruisirent une partie des chevaux, et mirent le reste dans un état si déplorable, que depuis cette époque on ne put en tirer presqu'aucun service utile.

Avant même la dernière expédition de la Biscaye, les bouviers du pays conquis faisaient presque l'unique force des transports. La députation du Guipuscoa avait fait un marché pour cet effet avec les représentans du peuple. On avait eu en cela pour but de remettre à l'autorité supérieure la distribution des réquisitions, afin que les charges fussent également partagées entre les habitans. Ce service marcha mal, parce que les députés, avec le desir de servir l'armée, voulaient encore plus ménager leurs concitoyens qui se montraient peu jaloux d'entreprendre des corvées pour le salaire qu'ils recevaient.

Les équipages des vivres méritent d'être cités avec avantage par la manière dont ils ont été dirigés. Le citoyen Duperrot, chef de ce service, avait une intelligence rare en ce genre. Le choix de ses employés et charretiers était excellent. Les brigades ne renfermaient guères que des mulets de la plus belle espèce. Familiarisé avec ce service, Duperrot avait senti que dans un pays de montagnes ces bêtes de somme étaient préférables aux chevaux, plus délicats, moins robustes, et surtout moins fermes dans leur marche. Si la mort a moissonné là, comme ailleurs, il faut avouer que c'est après de bien plus grands efforts et par un concours d'adversités dont toute la prudence humaine ne pouvait empêcher la funeste réaction.

XII. L'évaluation des dépenses faites

dans cette armée, pendant les trente-un mois qu'elle a existé, est presqu'impossible à établir. La variation perpétuelle du papier-monnaie, et le défaut de matériaux très-essentiels livrent cette partie à des calculs toujours arbitraires, quoiqu'assis sur de très-laborieuses recherches. C'est au reste une erreur peu raisonnable que celle qui prétend réduire au néant les charges du trésor public pendant la durée de la guerre, par ce motif que la valeur représentative des effets et denrées employés au service de l'armée s'est entièrement évanouie dans les mains des derniers possesseurs. La fortune publique n'a-t-elle pas la même source que la fortune des particuliers? et à ne consulter même que les intérêts du fisc, croit-on que des impôts effectifs et la vente moins libérale de ses immenses domaines ne lui eussent pas procuré des ressources presqu'égales à celles que l'émission des assignats a remis en son pouvoir?

Nous ne croyons pas nous éloigner beaucoup de la vérité en portant à quatre-vingt-neuf millions de francs le montant total des dépenses faites par la république pour l'entretien de l'armée des Pyrénées occidentales (1).

En portant la force effective pour trente-un mois au taux moyen de quarante mille hommes, (et il faut comprendre dans ce nombre les hommes aux hôpitaux,) on trouvera pour terme moyen de la dépense de chaque individu une somme de 2,225 fr.; mais plus de dix millions d'effets en tout genre que les magasins renfermaient à la paix font naturellement tomber ce terme à 700 fr. par homme et pour une année. C'est encore trop sans doute si l'on considère que la solde et les salaires personnels ont essuyé par degrés une dépréciation considérable. N'est-ce pas toutefois un juste sujet d'éloge pour l'administration, que les prodigalités du régime révolutionnaire n'aient pas fait monter ses dépenses au-dessus de l'économie ordinaire dans les armées ?

---

(1) Voici des données qui ont un certain degré d'authenticité.

Il est sorti des magasins des vivres 700 mille quintaux de farine, chaque quintal à raison des mélanges, estimé seulement à 12 francs, ci............ 8,400,000

Idem, des fourrages, 5 millions de rations, chacune de 10 liv., foin 10 liv. paille et un demi-boisseau d'avoine, à 1 fr. 50 c., ci............ 7,500,000

Idem, de l'habillement, 200 mille habillemens complets à 50 fr. chacun, ci. 10,000,000

Le service de la viande a exploité 80 mille bœufs, à 125 fr. chacun, ci... 10,000,000

Les transports ont tenu en activité habituelle 4 mille chevaux, à 3 fr. par jour, (pertes reconnues) ci.......... 10,000,000
                                                                           ─────────
                                                                           45,900,000.

Autres données plus incertaines.

Hôpitaux (entre 4 à 5 mille malades) à raison des mouvemens fréquens et de la multiplicité des établissemens, ci... 9,000,000

Eaux-de-vie, vinaigres, légumes, approvisionnemens de siège, ci........ 2,100,000

Bois de chauffage et lumières, ci.... 600,000

Effets de campement, ci............ 900,000

Artillerie et travaux du génie, ci... 2,000,000

Frais d'administration et autres dépenses, ci....................... 3,500,000

Solde, ci......................... 25,000,000
                                   ─────────
TOTAL............................ 89,000,000.

ERRATA.

Page 20, avant-dernière ligne, au lieu de : *ainsi s'offrait pour eux la perspective la plus flatteuse*, lisez, tout leur offrait la perspective la plus flatteuse.

Page 53, ligne 18, *l'idée exhaltante*, lisez, l'idée exaltée.

Même page, ligne 20, *en un mot*, à effacer.

Page 58, ligne 16, *ne fut cependant jamais persécuteur*, effacez cependant.

Page 68, ligne 22, *toute attention de l'ennemi*, lisez, toute l'attention.

Page 77, ligne 25, *après que Delalain fut destitué*, lisez, après Delalain destitué.

Page 82, ligne 6, *Harriet*, lisez, Arriete.

Page 83, ligne 24, *de ces premiers succès*, lisez, de ses premiers succès.

Page 90, ligne 5, *Harriet*, lisez, Arriete.

Page 100, ligne 12, *col d'Aarriete*, lisez, Arriete.

Page 101, ligne 1re., *le canon gronde*, lisez gronda.

Page 134, ligne 15, *Cruchespsil*, lisez, Cruchespil.

Page 139, ligne 10, *Cannada Ibannez*, lisez, Canada Ibagnez.

Page 156, ligne 1re., *hommes qui se fatiguent beaucoup*, lisez, qui fatiguent beaucoup.

Page 171, ligne 22, *Arbiza*, lisez, Arbizu.

Page 189, ligne 8, *certes il est probable*, lisez, il est possible.

Même page, ligne 10, *auraient*, lisez, eussent.

Idem, ligne 24, *est-il vraisemblable*, à effacer.

Page 192, ligne 15, *blâment*, lisez, accusent.

Même page, lignes 18 et 19, *et qu'après tout un récit*, lisez, et qu'un récit.

Page 206, ligne 18, *ainsi*, lisez, aussi.

Page 207, la note au bas de la page appartient à la fin de la troisième ligne, marquée (1).

CARTE.

Ariscun, au lieu d'*Ariscou*.

Berdarilz, au lieu de *Verderitz*.

Ispeguy, au lieu d'*Espegny*.

Irurita, au lieu d'*Irruita*.

Véra, au lieu de *Berra*.

Zugarramurdy, au lieu de *Zugaramirdy*.

Berrueta, au lieu de *Perrueta*.

Aranas, au lieu d'*Aranoz*.

Iraméhaca, au lieu d'*Iramenaca*.

Nota. On a enluminé avec la couleur espagnole la position d'Haristeguy, les Français seuls y ont campé.

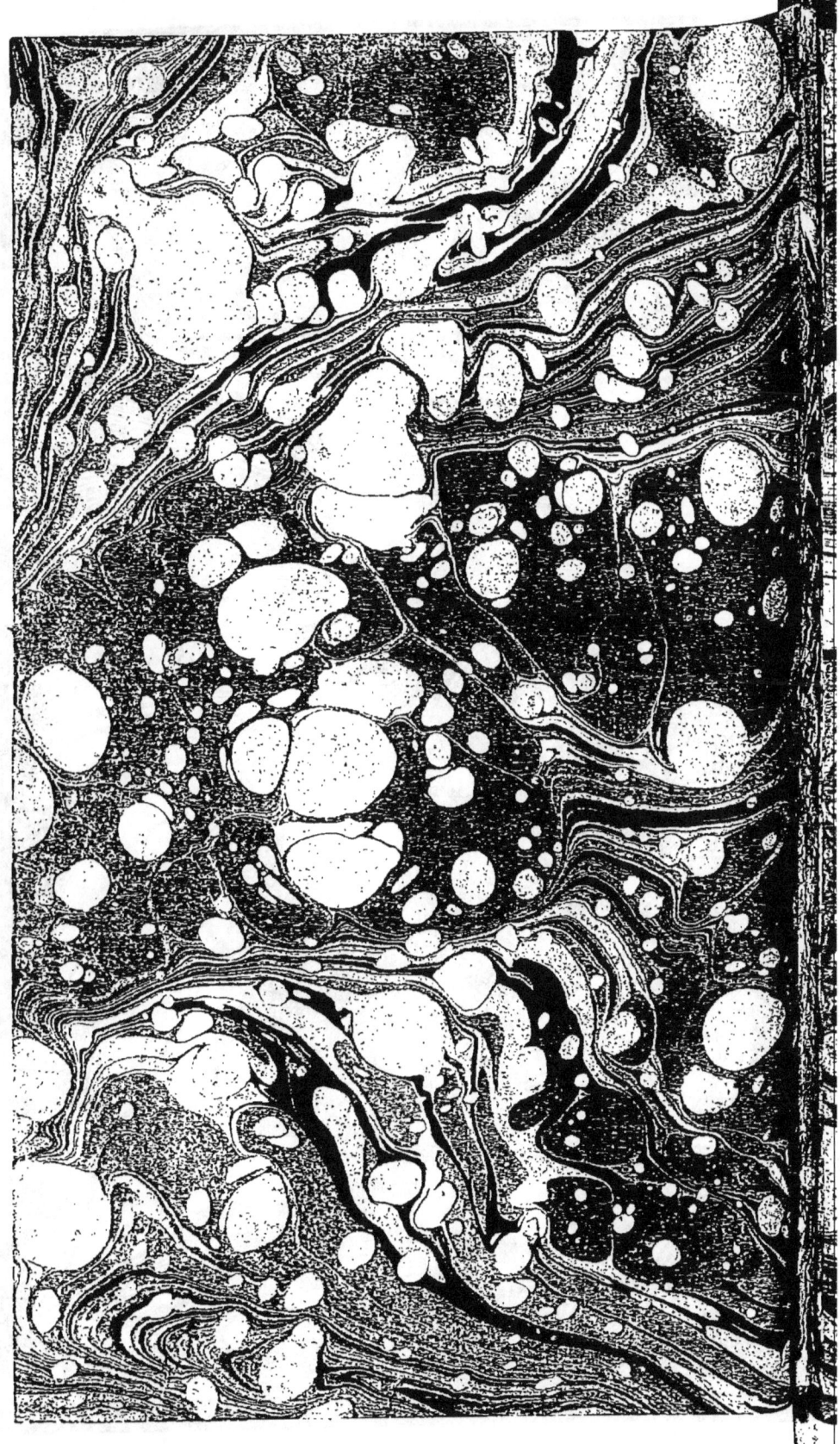

www.ingramcontent.com/pod-product-compliance
Lightning Source LLC
Chambersburg PA
CBHW070652170426
43200CB00010B/2208